米朝会談後の外交戦略

チャーチルの霊言

RYUHO OKAWA
大川隆法

まえがき

アメリカのトランプ大統領は、決して、「平和第一主義者」ではなかろう。かといって、簡単に臆病風《おくびょうかぜ》に吹かれたわけでもなかろう。その直観力は、ウィンストン・チャーチル元・英国首相と同じぐらい鋭かろう。

本書の直前に緊急出版した『北朝鮮の実質ナンバー2 金与正《キムヨジョン》の実像　守護霊インタビュー』同様、チャーチルもまた「北朝鮮の敗北」を認めた。

アメリカに強大な軍事力があり、勇気と気概《きがい》のある大統領がいてこそ、シミュレーション・ゲームで金正恩《キムジョンウン》は敗北を認めたのであろう。

次に考えるべきは、敗戦処理と、北朝鮮の開国への道を開くことである。

すべてが神の名の下《もと》の成功に終わりますように。そう願ってやまない。

二〇一八年　六月十七日

幸福《こうふく》の科学《かがく》グループ創始者兼総裁《そうししゃけんそうさい》　大川隆法《おおかわりゅうほう》

米朝会談後の外交戦略　チャーチルの霊言　目次

米朝会談後の外交戦略　チャーチルの霊言《れいげん》

二〇一八年六月十五日　霊示《れいじ》
東京都・幸福の科学総合本部にて

4　トランプの凄《すご》みは、チャーチルより上か　62

「霊言現象《れいげんげんしょう》」とは、あの世の霊存在の言葉を語り下ろす現象のことをいう。これは高度な悟《さと》りを開いた者に特有のものであり、「霊媒現象《れいばいげんしょう》」（トランス状態になって意識を失い、霊が一方的にしゃべる現象）とは異なる。外国人霊の霊言の場合には、霊言現象を行う者の言語中枢《ちゅうすう》から、必要な言葉を選び出し、日本語で語ることも可能である。

なお、「霊言」は、あくまでも霊人《れいじん》の意見であり、幸福の科学グループとしての見解と矛盾《むじゅん》する内容を含《ふく》む場合がある点、付記しておきたい。

米朝会談後の外交戦略　チャーチルの霊言《れいげん》

二〇一八年六月十五日　霊示《れいじ》

東京都・幸福の科学総合本部にて

ウィンストン・チャーチル（一八七四〜一九六五）

イギリスの政治家。父は政治家、母は銀行家の娘《むすめ》という名家の出身。第二次世界大戦時、首相として強い指導力を発揮し、国民を鼓舞《こぶ》するとともに、ナチスによる欧州《おうしゅう》支配の野望を打ち砕《くだ》き、連合国を勝利に導いた。ユーモアとウィットに富んだ名演説や名言を数多く遺《のこ》し、戦後、共産主義に対抗《たいこう》すべく西欧諸国の結束を訴《うった》えた「鉄のカーテン」演説が有名。また、『第二次世界大戦回顧録《かいころく》』（全6巻）を発刊し、ノーベル文学賞を受賞した作家としての顔も持つ。

質問者

綾織次郎《あやおりじろう》（幸福の科学常務理事 兼《けん》 総合誌編集局長
兼「ザ・リバティ」編集長 兼 ＨＳＵ講師）

里村英一《さとむらえいいち》（幸福の科学専務理事〔広報・マーケティング企画《きかく》担当〕兼 ＨＳＵ講師）

及川幸久《おいかわゆきひさ》（幸福実現党外務局長）

［質問順。役職は収録時点のもの］

1 世界は騙《だま》されたのか、そうでないのか

衝撃《しょうげき》的な内容だった金与正《キムヨジョン》の守護霊霊言《しゅごれいれいげん》

大川隆法　ほんの三日前（二〇一八年六月十二日）に、シンガポールで米朝首脳会談、トランプ大統領と金正恩《キムジョンウン》氏との歴史的会談が行われました。

その翌日、六月十三日には、ここ（幸福の科学総合本部）で、金正恩氏の妹である●金与正《キムヨジョン》氏の守護霊霊言《しゅごれいれいげん》を録《と》りました。その内容はかなり衝撃《しょうげき》的なものでした。

今朝《けさ》ほど、その原稿《げんこう》の校正をし、「まえがき」と「あとがき」を書きましたので、明日《あした》、六月十六日から緊急《きんきゅう》出版されることになると思います。

まだ、その内容を知らない方が多いかと思いますが、妹さんの守護霊のご意見

●金与正氏の守護霊霊言　2018年6月13日収録。『北朝鮮の実質ナンバー2　金与正の実像　守護霊インタビュー』（幸福の科学出版刊）参照。

を要約すれば、「この会談の結果をどう見るか、世界は疑問に包まれているわけだけれども、北朝鮮《きたちょうせん》は、戦争における実質上の負けを認めたのだ。私たちは、開国を目指す」というようなことを言っておられたと思います。

安倍《あべ》首相が「私は騙《だま》されません」と言った真意

大川隆法　そういう本を出すのですが、校正が終わったあとも、今まで対北朝鮮・最強硬派《きょうこうは》の政党の一つであった幸福実現党あたりからは、まだ、「慣性の法則的に見て、そんなに急にクルッと変わって本当によいのか」という感じの思いが少し伝わってはきます。

また、昨日《さくじつ》（六月十四日）だと思いますが、安倍《あべ》首相は、拉致被害者《らちひがいしゃ》の家族たちと会い、「私は北朝鮮に騙《だま》されません」と言っていたそうです。それはどういうことかというと、「トランプ大統領は騙されたのではないか」と思っている可能性があるということです。

そのため、安倍首相は、「『拉致した日本人を全員返す』と言わなければ、取引には応じない」と言ってみたり、「日本の主体的な外交で向こうと直接に交渉《こうしょう》し、やり遂《と》げなくてはならない」と言ってみたりしているので、やや脳が分裂気味《ぶんれつぎみ》なのではないかと感じます。

これは、北朝鮮に「やる気」がないなら、できないことではあるでしょう。モンゴルのウランバートルで、外務省の人たちは北朝鮮の政府関係者と接触《せっしょく》しましたが、向こうは、「日本に対して何も言うことはない。言うことはないから会う必要もない」というようなことを言っています。

そのように軽くあしらわれ、外務省の人がボケーッと立っている映像をテレビ朝日が流していたので、本当に、どうしたらよいか分からない状況《じょうきょう》なのではないかと思います。

●**外務省の人たちは……**　2018年6月14日からモンゴルのウランバートルで開かれている国際会議に出席中の外務省幹部は、北朝鮮の政府関係者に、拉致問題に関する日本の立場を伝えた。

ポンペオ米国務長官「二年半以内に非核化《ひかく》」発言が意味するもの

大川隆法　こちらは今までずっと強硬派でしたし、向こうも去年（二〇一七年）までは対米対決姿勢でした。

ところが、北朝鮮は、急に一転して、「友好関係に基《もと》づく平和構築」、あるいは、「体制保証と引き換《か》えに、核《かく》を放棄《ほうき》する」という方向に変わったわけです。

これを信じられるかというと、今までのこともあって、疑っている方は多いのです。世界のマスコミも日本のマスコミも「半信半疑」というのが現実でしょうか。「実際に何かが進まなければ信じられない」というところがあるのではないかと思います。

そのため、「金与正氏の守護霊の意見だけでは、説得し切れない面は残ったのではないか」と思うのです。

ただ、ポンペオ米国務長官は、「合意文書にペーパー上の言葉としては載《の》っていないけれども、二年半以内に非核化のプロセスは、いちおう終わる。トランプ政権の第一期終了《しゅうりょう》までに非核化を終えるつもりだ」というようなことを言っているので、このあと詰《つ》めていくつもりだと思われます。

そうであれば、今年の春（四月二十八日）に収録して、先日発刊した、・トランプ大統領の守護霊霊言のとおりではあります。

彼の守護霊は、「大統領任期の一期目に終わらせる」ということを言っていたので、そのとおりのプロセスでやろうとしているなら、「トランプ大統領の守護霊は嘘《うそ》を言っていない」ということになると思います。

ただ、「周りがそれを信じることができない」ということではないかと思うのです。

そこで、今日は、「第三者の意見を少し聴《き》いてみて、情報見積もりというか、

●トランプ大統領の守護霊霊言……　2018年4月28日収録。『守護霊インタビュー トランプ大統領の決意』（幸福の科学出版刊）参照。

金与正氏の守護霊霊言との比較《ひかく》をして考えたほうがよいのではないか」と思いました。

金与正氏の守護霊がそれほど嘘を言っているように私には感じられなかったのですが、金与正氏が北朝鮮の人であることは間違《まちが》いありません。もし彼女が「開国派」だとしても、国内には「尊王攘夷《そんのうじょうい》派」が残っており、たぶん、そちらのほうが多数のはずなので、開国主義がはっきり見えてきたら、反対勢力が強く出て、開国が頓挫《とんざ》する可能性がないとは言えないのです。

チャーチル的視点から見て「金正恩《キムジョンウン》はヒットラーか、そうでないか」

大川隆法　そういうこともあるので、「少し第三者の意見も聴いたほうがよいのではないか」と考えました。

そこで、幸福の科学総合本部に、「ウィンストン・チャーチルの霊とキッシンジャーの守護霊と、どちらかの意見を聴いてみるけれども、どちらがよいか。チャーチルなら日本語でも霊言ができるでしょうが、キッシンジャーの守護霊は英語での霊言になります」と訊《き》いたところ、「チャーチルでお願いします」とのことでした。

それは別に「英語が嫌《いや》だ」という意味ではなく、たぶん、「発刊プロセスなどがスムーズである」ということだろうと思います。「日本語で収録したほうが、本が早くできます」ということでしょう。英語だと日本語に訳す手間がかかるので、そういうことかと思います。

チャーチルは、ヒットラーの登場時に、最初から、「この男は危険だ。独裁的資質で、嘘つきである」ということをいち早く見抜《みぬ》き、これと対戦する構えを示しました。そして、やられそうになっても粘《ねば》り抜き、最後には破ったのです。

今年の春ごろ、「ウィンストン・チャーチル／ヒトラーから世界を救った男」

（二〇一八年公開のイギリス映画／ビターズ・エンド）という映画が日本でも公開されました。

この映画は、アメリカのほうでも、特殊《とくしゅ》メイクが評判になりました。

●チャーチルの役を演じた俳優は、バットマンの映画「ダークナイト」（二〇〇八年公開／アメリカ・イギリス共作／ワーナー・ブラザース）において、バットマンの相棒というか、信頼《しんらい》する仲間であるゴッサム・シティの市警本部長、コミッショナーを演じていた人です。

彼は、あの役では少し細面《ほそおもて》で、眼鏡《めがね》をかけ、ヒゲを生《は》やしていましたが、その俳優に日本人のメイク師が特殊メイクをして、でっぷりしたチャーチル風の顔をつくっていたので、メイクのほうでもアカデミー賞をもらったようです。

私も、ほとんど顔の変形ばかりに注目してしまいました。ストーリーよりも、肝心《かんじん》な「顔がチャーチルに似ているかどうか」というほうばかりを見てしまい、

●チャーチルの役をやった俳優……　イギリスの俳優ゲイリー・オールドマン。この役で第90回アカデミー賞の主演男優賞を受賞した。

ところに目が行かなかったのですが、「よくこれだけ変化したなあ」と思いました。

（本霊言の質問者の）及川《おいかわ》さんが里村《さとむら》さんに〝化《ば》けた〟ような感じなので（会場笑）、「どこでメイクがばれるか」と思い、そんなことばかりを気にしていたため、映画そのものに対しては、もうひとつではあったのですが、チャーチルの国内の説得の苦しさなどをよく示していたかと思います。

チャーチルなら、ある程度、信用できるというか、「（今回の米朝会談等を）どう見るか」について言えるかと思います。

前回は、二〇一四年に、『「忍耐《にんたい》の時代」の外交戦略　チャーチルの霊言』（幸福の科学出版刊）という題で霊言を出しました。あれから四年たっており、環境《かんきょう》は変わっているので、たぶん、意見等は前回と同じではないだろうと思います。

この方から、「北朝鮮の人間ではない人の目から見て、あるいはヒットラーと戦った人の目から見て、どう見えるか。自分ならどうするか。客観的にどう思うか」ということをお訊きすれば、ある程度の感じは分かるかと思うのです。

金正恩《キムジョンウン》氏はヒットラー的な危険性をまだ持っているか否《いな》か。

トランプ大統領は騙されているか否か。

安倍首相の言う、「私は騙されない」という言葉は正しいのか。やはり、そちらの方向に舵《かじ》を取るべきなのか。

このあたりを訊いてみたいと思います。

そういうことなので、よろしくお願いします。

質問者一同　よろしくお願いします。

大川隆法　（合掌《がっしょう》・瞑目《めいもく》して）では、イギリスの元首相にして、第二次大戦中、ヒットラーとも戦いました、ウィンストン・チャーチル氏をお呼びいたしまして、現時点での国際政治的な考え方等に関し、われわれの参考になることを述べていただければありがたいと思います。

ウィンストン・チャーチルよ。

ウィンストン・チャーチルよ。

どうぞ、幸福の科学総合本部に降りたまいて、われらの質問にお答えください。

（約十秒間の沈黙《ちんもく》）

2　金正恩《キムジョンウン》と会ったトランプが抱《いだ》いた感情

トランプは金正恩を見て「ヒットラーより、かわいく見えた」

チャーチル　うーん。

綾織　本日は、幸福の科学総合本部にお越《こ》しくださいまして、ありがとうございます。

チャーチル　うーん。

綾織　世界は一つの大きな転換点《てんかんてん》を迎《むか》えており、特に、アジアに住む私たちにとっては、「北朝鮮《きたちょうせん》問題が大きく変わる節目《ふしめ》になってきている」ということで、今、さまざまな方からご意見を伺《うかが》っているところです。

チャーチル　うん、うん。

綾織　●一昨日《いっさくじつ》は、北朝鮮の金正恩《キムジョンウン》委員長の妹である金与正《キムヨジョン》氏の守護霊《しゅごれい》から、「今回のトランプ大統領と金正恩氏の会談の真意、真実」などについて、お話を伺いました。

そのなかで、彼女の守護霊は、北朝鮮は実質上、降伏《こうふく》したけれども、トランプ大統領はそれを表には見せず、北朝鮮に花を持たせている状態で、今、非核《ひかく》化を具体的に進めていっていること、また、北朝鮮は経済開放や、ある程度の自由化

●一昨日は……　『北朝鮮の実質ナンバー２金与正の実像　守護霊インタビュー』（前掲）参照。

も考えていること等も語っています。

チャーチル　うん。

綾織　ただ、私たちとしては、「では、本当に、そういう見方を受け入れて、行動していってよいのかどうか」と、少し迷うところもあります。

そこで、今回は、チャーチル様に第三者的な立場から、客観的なご意見を頂く機会とさせていただきたいと思っております。

まず、チャーチル様は、今回の会談を天上界《てんじょうかい》からどのようにご覧になったかということについて、お伺いしたいと思います。

チャーチル　まあ、トランプさんから見てねえ、金正恩がヒットラーよりは〝かわいく〟見えたんだろうよ。

綾織　ヒットラーよりは？

チャーチル　ああ。息子《むすこ》の年だからねえ。

綾織　なるほど（笑）。

チャーチル　小太りしてね。まあ、早死にするかもしらんけども、かわいくは見えたんだろうよ。

かわいいところはあったからな、少しな。おどおどしてさ、「どうしたらいいか分からない」っていう、国際舞台《ぶたい》でな、どう振《ふ》る舞《ま》ったらいいか分からないで、おどおどしているところはあったからさ。リードしてやってて、まあ、「ちょっと、かわいげはあるな」とは思ったんだろう。

綾織　つまり、「かわいい悪魔《あくま》」ということですか（笑）。

チャーチル　まあ、「確信犯的なやつではないと見た」ということだろうな。あの年で、それでも国を束ねて、原爆《げんばく》・水爆実験までやって、アメリカ相手に「互角《ごかく》に核戦争をやるぞ」とまで啖呵《たんか》を切ったっていう。そういうのが、七十一歳《さい》ぐらいの人から見たらさ、まあ、子供世代だからね、「ようやるじゃんか」というふうに見えただろうね。息子を見るような目で見ていたんじゃないかとは思うがな。

トランプが金正恩《キムジョンウン》を見て、「戦争より話し合いを」と判断した理由

綾織 「かわいい悪魔」となると、悪魔的な部類に入ってしまうことには変わりないということでしょうか。

チャーチル うーん。トランプさんは、すでにたくさんの悪魔と対決してきているから。ビジネス上の悪魔といっぱい会ってきてるからさ（笑）。あの手この手で揺《ゆ》さぶってきたり、交渉《こうしょう》したり、罠《わな》にはめようとしたりするのをいっぱい見てはきているので、「どの程度のことを考えそうか」ぐらいは、まあ、眼力《がんりき》には自信があると自分で言っていたとおり、だいたい分かったんだろうと思うよ。

だから、「この男を相手に戦争をするよりは、話し合いで早く決めたほうが勝

ちだな」と判断したと思うね。

まあ、（金正恩《キムジョンウン》氏は）意外に純朴《じゅんぼく》なところがあるんで。あのタイプは、ほめてやると、けっこう信用するタイプなんだよ。それを一瞬《いっしゅん》で見抜《みぬ》いている。ほめてやれば従順になり、強く出ると反発してくるタイプ、間違《まちが》いなく。

綾織　なるほど。

チャーチル　強気で出たら、必ず強気で来て、ほめてやると、おとなしくなるタイプなんだな。それを見抜いたということだろうと思うし、体面はかなり護《まも》ってやった面は見えたわな。

綾織　はい。

マスコミには見えていないトランプの老練さとは

チャーチル　トランプ流の交渉は、私のと同じではないから、「自分ならどうしたか」というと、ちょっと分からないところはあるけども、彼は彼流にやろうとしてるので。

もし、これでスムーズに、包括《ほうかつ》的合意をトップ同士でやったなら、まあ、これはこれでいいとは思うんですよ。

マスコミとかね、それから、日本政府とかも、「もっとプロセスを具体的に明記されなきゃ負けだ」「騙《だま》されたに違いない」みたいな見方をするが、あの時間でトップ同士でやるのに、そういう細《こま》かいことはできないのは当然なので。トップダウン型でやるとしたら、下の者に日程のスケジュールをつくらせて、詰《つ》めていくっていうスタイルだな。上が「ゴー」を出していれば、それで進んでいくという、まあ、珍《めずら》しいスタイルで、日本的な政治の意思決定とは同じじゃないと思うね。

実際上、来週から、ポンペオさんその他、関係者が詰めていくだろうと思う。「二年半」という数字がもう出てきているから、そのスケジュールでたぶんやっていくだろうし。

もし、それが行き詰まって、行かないということになりましたら、もう一度、軍事的緊張《きんちょう》や、あるいは、経済制裁をさらに高めるかどうかっていう判断が出てくるわけなんで。行き詰まるとしたら、年内にもう一回、そういう局面は出てくるだろうと思うんだなあ。

ただ、トランプさんは、「ワシントンに遊びに来い」とか、「ホワイトハウスに来い」とか、「自分が平壌《ピョンヤン》に行ってもいい」とか言っている。あのへんはね、そうとう老練な、不動産王の駆《か》け引きなんで。

綾織　なるほど。

チャーチル　ああいう言葉を付けることによって、すぐに衝突《しょうとつ》にならないようにしているわけだな。「何回でも会う」とも言っているわな。

綾織　悪魔的な要素を持っている金正恩氏を、チャーチル様がヒットラーに対して取られていたアプローチとはまったく違う、ある意味で逆のアプローチによって、倒《たお》すことはできるということでしょうか。

チャーチル　何て言うかなあ。まあ、トランプさんの側から見りゃあ、釣《つ》り堀《ぼり》で、〝玉網《たまあみ》で魚をすくった〟ような感じだな。

綾織　なるほど（笑）。

チャーチル　本来、釣り上げなきゃいけないものを、釣り上げなくて、まあ、釣ると抵抗《ていこう》が大きいからね、魚が大きいとな。だから、玉網でガサッとすくった感じかな。そんなふうには見えるな。

綾織　今はもう、すくった状態なんですか。

チャーチル　玉網のなかに入れたんだよ。入れたんだよ。逃《に》げられやしない。だけど、釣りの本道《ほんどう》としては、釣り上げて、魚を捕《つか》まえて、針を外す。ね？　そして魚籠《びく》に入れる。これが本道だよな。

綾織　はい。

チャーチル　それをしないで、玉網でバッとすくっちゃった感じかな。

綾織　では、すくって、まだ水のなかで泳がせているというような感覚なんでしょうか。

チャーチル　いやあ、玉網のなかには入ったんだよ。入ったんだよ。このあと、〝取り込《こ》みの作業〟は残ってはおるけどね。玉網のなかに入ったから、そう簡単には逃げ出せない状況《じょうきょう》にはあるわなあ。

チャーチルなら
「MOABなど、軍事的オプションを少しは使っていた」

綾織　今後についてお伺いします。

これまでのリーディングによって、「北朝鮮には一代目金日成《キムイルソン》氏、二代目金正《キムジョン》日《イル》氏の悪魔が存在していて、その影響《えいきょう》がかなり強くある」ということが分かっています。

これを考えると、「金正恩氏も元に戻《もど》ってしまうのではないか」という心配が出てきてしまうのですが、これについては、どう見られていますか。

チャーチル　まあ、やり方はいろいろあると思うんだがな。

うーん、私だったら、やっぱり、軍事的オプションを少しは使ったかなという

●**北朝鮮には……**　『北朝鮮 崩壊へのカウントダウン　初代国家主席・金日成の霊言』（幸福の科学出版刊）、『北朝鮮―終わりの始まり―』（幸福実現党刊）等参照。

感じはするんだけど。

例えば、シリアなんかに対しては、彼（トランプ氏）はもうすでにやっているじゃない、警告的攻撃《こうげき》を。

綾織　そうですね。

チャーチル　でも、北朝鮮に対してはやらなかった。

綾織　はい。

チャーチル　それは、（北朝鮮が）核を持っているということが大きいとは思うんだけどね。普通《ふつう》のトマホークで攻撃して、もし核兵器で返ってきたりしたら、ちょっと準備ができていないから、それもあったのかとは思うが。あと、（北朝鮮の）軍部を黙《だま》らせられるかどうかは、ちょっと難しい。

綾織　うーん。

チャーチル　大きい。かなり肥大化しているのでね。軍部を黙らせるには、局地的なものでも、何らかの軍事的オプションで、圧倒《あっとう》的な兵力差っていうか、力の差を見せつけておいたほうが黙らせやすいっていう考え方もあるので。

里村　なるほど。

チャーチル　私だったら、もしかしたら、米軍だけの装備を持っておれば、ちょっとそういう度肝《どぎも》を抜くようなことを一つぐらいやってから、和解に持ち込んだかもしれないっていう気持ちはありますけどね。

里村　はああ。あとのプロセスをスムーズに持っていくためにも、あえて……。

チャーチル　彼（金正恩氏）らが、軍部まで全部、説得できるかどうかのところでしょ？　できない場合もありえるからね。

里村　平壌などを狙《ねら》うと、いきなり正面衝突になるので、局地的に、効果的な力を見せつけて、その上で交渉するという。

チャーチル　例えば、例のアフガニスタンで使ったやつ、五百メートル四方の酸

素を一気に奪《うば》って破壊《はかい》し尽《つ》くすような爆弾《ばくだん》（ＭＯＡＢ）を、アフガンで落とした
じゃないですか。

核兵器を使わないにしても、ああいうものを、人が多すぎないところの軍事施《し》
設《せつ》で使って、一瞬にして吹《ふ》っ飛んでしまうところ、何もかもなくなってしまうよ
うなところを、一つぐらい見せる手はあったのかなという気はあるけどね。

でも、そのあとは、戦争になる可能性もないわけではないから、このへんの判
断は難しいだろうね。

里村　うーん。

3 北朝鮮《きたちょうせん》の国内事情と中国の思惑《おもわく》

北朝鮮国内の七十年間洗脳された世代が急に変われるか

綾織　チャーチル様からご覧になって、金正恩《キムジョンウン》氏の妹である金与正《キムヨジョン》氏という存在は、どのように見えますか。

チャーチル　まあ、私らみたいな〝タヌキ親父《おやじ》〟から見りゃあ、そりゃあ、若いからね（笑）。頭がよくても、若い女性だからさ、同じようにはいかないと思うよ。〝大ダヌキ〟さ、私なんかは。まあ、そこまでは行ってないとは思うけどね。ただ、一生懸命《いっしょうけんめい》やろうとはしておるんだろうなあとは思うが、あと、どのくらい人材が残っておるかだな、北朝鮮《きたちょうせん》に。彼らと共に語れるだけの人材がいるか、いないか。まあ、このへんは十分に読み切れない。

だから、説得しなきゃいけないからねえ。要するに、「開国派」が「尊王攘夷《そんのうじょうい》派」にやらなきゃいけない。

幕府だって、日本の開国のほうに向いていたわけで、結果的に見れば、明治維《い》新《しん》っていうのは「開国」だよな。

里村・綾織　はい。

チャーチル　幕府は間違《まちが》ってたわけじゃないんだけど、尊王攘夷のほうが勝ったような感じだよね。勝ったけど、やっぱり「開国」になったっていう。まあ、そんなようなもんで、複雑怪奇《かいき》なんだよ。

（北朝鮮の）攘夷派のほうは、今までずーっと〝洗脳〟一本で、まあ、鬼畜米英《きちくべいえい》っていう感じで、「アメリカを倒《たお》せ」と、七十年間、言い続けてきたんだろうからさ。これが急に止まるかどうか。幸福実現党党首の釈《しゃく》さんの街宣《がいせん》よりも長くやってきているから、向こうは。延々とやってきてるので、七十年間、洗脳された世代たちが、「はい、そうですか」と、クルッと変わるかどうかは分からない。

金与正《キムヨジョン》は国民を再び洗脳できるのか

チャーチル　今、「歴史的会談をして、対等にやって、むしろ金正恩のほうが優位に立って、アメリカから条件を引き出して、世界の平和を実現したんだ」みたいな英雄《えいゆう》風に報道しているけれども、実態がどうかっていうことは次第《しだい》しだいに出てくるから、そのときに、それを弱腰《よわごし》と見る人たちがいれば、例の〝血判状〟っていうやつだなあ。それをやって蜂起《ほうき》っていうことだって、ないとは言えないので、それを押《お》さえ込《こ》めるだけのものがあるかどうか、なあ。ここだね。

里村　ええ。金与正《キムヨジョン》さんの守護霊《しゅごれい》にインタビューをしたあとに思ったのですけれども、天皇陛下《へいか》が絶対的存在であった戦前の日本においても、「玉音《ぎょくおん》放送を奪《うば》ってクーデターを起こそうとした」ということが、陸軍の動きとして実際にございました。

チャーチル　うん。そうだ。

里村　そう考えると、やはり、どんなに強く見える独裁者でも、そういう動きというのはありうるのだなと感じました。

チャーチル　それはあるよ、うん。核《かく》のボタンは（金正恩氏が）持ってるかもしらんけども、通常兵器と軍隊を指揮する権限は、下の者も持ってるからね。

里村　ええ。

チャーチル　蜂起されて、一個師団でも立ち上がって襲《おそ》ってきたら、それはたまらんだろうね。

里村　ええ、ええ。では、今、このようにチャーチル首相がおっしゃるということは、先日、金与正氏守護霊がこの場で話したことは、かなり本音の部分、真実の部分があったと。

チャーチル　本音だと思うよ。

里村　はい。

チャーチル　ほぼ、ほぼ本音と思って……。ただ、国内を説得できるかどうかのところは、これからだろうね。

マスコミのほうも彼女が握《にぎ》っているはずなんで。だから、マスコミの報道を、どういうふうに変えていって、国民を洗脳していくか、逆洗脳をかけていくかをやらなければならないので、それは、かなりテクニックが必要だろうねえ。

金正恩《キムジョンウン》は、日米露中《にちべいろちゅう》の包囲網《ほういもう》による負けを認識している

綾織　金正恩《キムジョンウン》氏のほうは、経済開放、開国の方向で決意が固まっているというよ

うに理解してよろしいのでしょうか。あるいは、どこかで日和《ひよ》ってしまって、国を閉《と》じる方向に行ってしまうという可能性はないでしょうか。

チャーチル　マクロの認識としては、「核戦争に突入《とつにゅう》したら勝ち目はない」っていう判断はできている。

綾織　はい。

チャーチル　で、「このままずっと制裁を強化されていったら、国民の大部分が飢《う》え死にしていく」ということは、もう見えているので。「中国がアメリカ側のほうに意見を合わせた」っていうところは決定的なところなので。ロシアとかとも、もう一回、パイプを結びたいところではあるけども、安倍《あべ》さんが、プーチンさんと、もう二十回ぐらいは会っとるだろう。

里村　はい。

チャーチル　安倍さんが、プーチンのところを一生懸命に行ったり来たりして、〝シャトル外交〟しているので、ロシアがストレートに反対側につけないではいるのでなあ。

だから、ロシアのほうからパイプをつけられないし、中国のほうも、トランプさんに裏から手を回されて絡《から》め取られているので、ロシア、中国の二国を押さえられて、日本と強固な同盟を結ばれた状態では、残念ながら、勝ち筋《すじ》はないわなあ。

少なくとも、ロシアか中国のどっちか一国が、経済軍事的に同盟でもするような勢いでやってくれれば、ちょっとしばらくは、勝ち目は分からない状況《じょうきょう》にはなるけどね。

北朝鮮《きたちょうせん》を今後どう使うか――中国の目論見《もくろみ》

及川　そういうなかで、一昨日《おととい》の与正氏の守護霊の話で、あえて疑うところがあるとしたら、今、言われた中国とのところです。

チャーチル　うん。

及川　金正恩氏は、中国の習近平《しゅうきんぺい》氏とは二回会っていますが、トランプ氏とは、まだ一回しか会っていません。穿《うが》った見方をすれば、まだ、両方と面談して、「どちらにつくのがよいのか」ということを計っている段階かもしれないとも考えられます。

これは、本当は、一昨日の金与正氏の守護霊霊言《れいげん》のときに質問して聞くべきだったのですけれども、大連《だいれん》で行われた、習近平氏との二回目の会談では、習近平氏は、いったい、この北朝鮮《きたちょうせん》をどうしようとしていたのでしょうか。

このあたりについて、本来ならお訊《き》きする立場ではないのかもしれないのですが、チャーチル首相は、どう見られていますか。

チャーチル　うーん、まあ、いちおう、「六カ国協議」っていうのもあったからね。あれで、長らく交渉《こうしょう》をやって、中国を窓口にしておったから。それで「実効性がない」ということで、アメリカにトップ外交に持っていかれたっていうことは、ある意味では、中国から見れば、面子《メンツ》が潰《つぶ》れた部分もないわけではないんで。

本来なら、トランプさんの最初の戦略は、中国、習近平に説得してほしかった

●六カ国協議（六者会合）　北朝鮮の核問題を解決するための議論の場として 2003 年から設けられた外交会議。アメリカ・中国・北朝鮮の協議の場に日本・韓国・ロシアが加わり、現在、六カ国で不定期開催されている。

ということだと思うんだよな。それはそうだったと思うんだが、金正恩氏そのものは、（二〇一一年に北朝鮮のトップに）就任してから、中国に行ってもなかったのを、突如《とつじょ》、行ったりもして。まあ、あれも飛び込みだよなあ。だから、飛び込みセールスの才能がちょっとあるらしいことは分かるが。

あっちも飛び込んで懐《ふところ》に入ったんだと思うけど、中国も「中華《ちゅうか》思想」の国であるから、救いを求め、飛び込んでくるやつは、無下《むげ》には断れない。やっぱり、大国としてのプライドがあるからねえ。飛び込んで、「助けてくれ」と……。

まあ、今までは同盟関係にあった国から、生意気《なまいき》に、こう、何て言うかなあ……、今の暴走族の若者みたいな感じで、オートバイに乗って、頭をとき上げて、サングラスをかけて走っとったやつが、スーツを着て頭を下げに来たような感じに見えたからなあ。そういうのは、「ちょっと、面倒《めんどう》を見てやってもええかなあ」ぐらいの感じではあったかと思うが。

まあ、国際的孤立《こりつ》は、もう、明白であったので、「北朝鮮と中国が一心同体」というふうに見られることは……。中国にとっても、これから、アジアの他の国や、あるいは対ヨーロッパ戦略、対米戦略等を考えていくなかにおいては、若干《じゃっかん》、〝目障《めざわ》りな動き〟をしているので、何らかの意味での〝片付け〟をしなきゃいけないのかなっていう感じはあっただろうね。

だけど、現実には、「それは戦争のかたちで終わったほうがいいのか、それとも平和裡《り》の交渉で終わったほうがいいのか」という選択肢《せんたくし》を、習近平が突《つ》きつけられたとしたら、どうか。

もし、アメリカと戦争したら、北朝鮮がアメリカの占領地《せんりょうち》になる可能性はありますから。それは、中国にとってはあんまりいいことではないからねえ。それだったら、「やはり、交渉のところで折れるっていうのも、一つの道かなあ」と。「占領されるよりはいいんじゃないか」と。

及川　ああ、なるほど。

チャーチル　まあ、あそこに米軍が駐留《ちゅうりゅう》されたんではたまらないからねえ。それよりは、「負けを認めて、アメリカと、もうちょっと友好関係をつくる」っていうかたちになることを受け入れたと思うんだ。

里村　主権国家として、北朝鮮があそこに存在していること自体は、やはり、中国にとっても、完全占領されるよりはプラスであるということですね。

チャーチル　うん、そう、そう。今のままだったら、少なくとも、中国が最大の貿易相手国でもあるし、制裁解除になれば、中国がいち早く救済に入ることは分かっているから、そういう意味では、影響力《えいきょうりょく》は残せますけどね。

会談で二人が打ち解けたのを見て、安倍《あべ》首相は嫉妬《しっと》した？

綾織　逆に、トランプ大統領が「体制保証」をしているという意味では、北朝鮮がアメリカ側に寄っているというかたちに見えなくはないですし、もしかしたら、実質的にそうなるかもしれません。さらには、開国ということがあったときに、中国よりもアメリカ側にグーッと寄っていくことに対して、習近平氏が、今の路線を阻止《そし》する動きに出る可能性というのはないでしょうか。

チャーチル　うーん、いや、まあ、「体制保証」の意味もいろいろあるんだけどね。

習近平自体もアメリカに呼ばれてねえ（二〇一七年四月六日の米中首脳会談）。

フロリダの別荘《べっそう》まで呼ばれて、もてなされて、デザートが始まるときに、シリアにトマホークを撃《う》ち込むっていう。まあ、中国の主席とご飯《はん》を食べて、デザートに入ろうとするときに、「今、トマホークを撃ち込んだ」っていうようなことを（トランプ氏から習近平氏が）聞かされるっていうのは、どの程度の衝撃《しょうげき》か分かるでしょう。「そこまでやるか」っていうことだよね。

だから、今回だって、本当は、シンガポールで会食をやって、ワーキングランチか何かに入ったときに、「ただいま平壌《ピョンヤン》を攻撃《こうげき》したから」とかって（笑）、もし言われたら、どうするつもりだったんかなあ。

トランプとはそういう男だから、分からないからね。先が読めないので、そういうこともありえるし。

中国の李克強《りこくきょう》（首相）の専用機を借りて、彼（金正恩氏）はシンガポール入りをしたけども、李克強のエアフォースワンっていうか、まあ、知らんが、その専用機をアメリカ軍が撃ち落としたら、やっぱり、国際問題になるわなあ。いちおう、それを考えた上で頼《たの》んで。やっぱり、途中《とちゅう》で撃ち落とされる可能性だって考えてたと思う。落とそうと思えば、簡単に落とせたでしょうから。

もし、北朝鮮の金正恩専用機で、ヨタヨタとシンガポールまで飛んで行ってたら、そらあ、アメリカのジェット戦闘機《せんとうき》が三、四機ありゃあ、あっという間に、到着前《とうちゃく》に撃墜《げきつい》できるわな。そういうことをやる人だから。トランプさんっていう人は、やろうと思えば、やれる人だから。

だから、（金正恩氏は）中国に体制保証を求めに行ったんだと思うんですよ、直前にねえ。

だから、本当は護衛機が付くんじゃないかっていう噂《うわさ》まであったぐらいですから。そのくらい恐《おそ》れてたあれなんで、そうとうビビッてはいた状態ではあるわなあ。

それを、すごく紳士《しんし》的にもてなしてやったので、ある意味では、安倍《あべ》さんたちも、多少、嫉妬《しっと》を感じたんじゃないですかね。あれだけ北朝鮮を「敵だ」として、悪魔《あくま》のように言ってたのに、初めて会って、あんなこと、（相手の体に触《ふ》れるようなジェスチャーをしながら）こうやって、こうして、ねえ。「あれは何なんだ」「『シンゾー、シンゾー』と言ってやっていたのに比べて、何なんだ」っていう感じは、やっぱり、本音ではそうとうあるんじゃないかなあ。

綾織　ある意味、より親しそうに見えました。

チャーチル　早すぎる。早すぎるわけ。あれだと、まるで一目惚《ひとめぼ》れで、フォーリンラブしたような感じにしか見えないじゃないですか。

里村　（笑）

チャーチル　「私は何回（アメリカに）行ったと思ってるんだ」みたいな感じのことを、やっぱり、思うわなあ。

大統領になる前にね、わざわざトランプ・タワーまで行って会ってきてねえ、〝ゴマすって〟きたのにね。そこまで努力したのに、あっちは敵同士だったのに、「あっという間にこれか」っていう。「核兵器を持ってるからって、そんなに手のひらを返したようになるんか」っていうような悔《くや》しさが、安倍さんはそうとうきとるよ。

綾織　そうですね。それでいて、費用は日本持ちです。

チャーチル　そう、そう。それで、「（米朝首脳会談で）拉致《らち》問題を出しといたよ。言っといたよ。それをやらないと、日本は援助《えんじょ》しないからねって言っといたよ」ということだから、まあ、裏を返せば、「援助の話と一緒《いっしょ》に拉致問題を解決しよう」と言われたのと一緒だわなあ。

「全員を返さないかぎり、金は払《はら》わんぞ」と言ってるようなものでしょ、安倍さんが、今、息巻いてるのは。だけど、もう、ほかに交渉材料はないわね、今ね。日本が何かできるわけじゃないからね。

4　トランプの凄《すご》みは、チャーチルより上か

会談の三日後、
中国製品五百億ドル分に制裁を発動したトランプの真意

里村　今の中国の出方や北朝鮮《きたちょうせん》の感じ方を見た上で、「トランプ大統領はすごいな」と思ったところがあります。

それは、六月十二日の米朝首脳会談から三日後の今日、十五日になって、「中国製品五百億ドル分に対して関税措置《そち》を取る」という強硬策《きょうこう》を発表したところです。

ある意味で追い討《う》ちをかけるようですが、このあたりは、中国に対して、「黙《だま》

っておけよ」という感じの凄《すご》みを利《き》かせているのではないかとも思うのですけれども。

チャーチル　制裁解除とかね、いろいろやるかもしれないからね、中国のほうが。

里村　なるほど。

チャーチル　実際には、沖合《おきあい》では、何て言うのかなあ……、荷物を移し替《か》えたりしてね。

里村　「瀬取《せど》り」ですね。

チャーチル　「瀬取り」ですね。ああ、日本語はちょっと難しいんだ。「瀬取り」というのは、ちょっとさすがに、私の用語のなかにはなかったんで（笑）。「瀬取り」って言うのか。

里村　はい。

チャーチル　まあ、そういうのをやるからさ、現実にはね。

だから、それは、あの手この手で（北朝鮮の）救済はできるだろうから、それをしないように、あちら（中国）のほうを押《お》さえていく。

これが、トランプの強気のところだよね。頭から押さえていくんでね。

中国のほうにも圧力をかけさせようとしているが、同時に北朝鮮のトップそのものに圧力をかけて、「おまえがやれ」と。「おまえが非核《ひかく》化をやるんだ」と。

からね。

「その責任は、全部、おまえにあるんだ」ということを押しつけているわけです

まあ、（トランプ氏は）急に豹変《ひょうへん》する交渉《こうしょう》スタイルだから、言うことをきかないで途中《とちゅう》で変なことをしたら、とたんに、「火の海にするぞ」とか言い出すかもしれない。あっちも分からないからね。その〝怖《こわ》さ〟はあるから。

今までの大統領とは違《ちが》うな、明らかに。

トランプが北朝鮮《きたちょうせん》の人権問題からアプローチしない理由

里村　先ほど、チャーチル首相からは、「金与正守護霊《キムヨジョンしゅごれい》の話は本音であろう。『アメリカと戦っても勝てない』というマクロの認識では、おそらく金正恩《キムジョンウン》委員長と一致《いっち》しているだろう」というお話がありました。

ただ、先日、金与正守護霊は、開国や自由経済等についても話をしていました。

また、長期的には、時間をかけながら強制収容所をなくしていくことや、民主化、自由化にも触《ふ》れていたのです。

このあたりについて、金与正氏と金正恩委員長との意識のズレはあるのでしょうか。どのようにご覧になっていますか。

チャーチル　トランプさんはオバマさんとは違うからねえ。オバマさんなら、「強制収容所から何人出す」というようなことをすごく気にするだろうと思うが、トランプさんは、そちらのほうからは行かないから、考え方が。

トランプさんは、ＣＮＮをはじめ、マスコミの人たちも強制収容所に送って水《みず》責《ぜ》めにしたいぐらいの気持ちはあるから、金正恩の気持ちはよく分かるんじゃないかな。「いやあ、君の気持ちはよく分かる。俺《おれ》もやれるものならやってみたい」と。

里村　（笑）

チャーチル　「マスコミで俺の悪口を書いているのを全部しょっ引《ぴ》いて、ぶち込《こ》みたいなあ、一万人ぐらいは」とか言うんじゃないかな（笑）。

里村　いえ、いえ、いえ（笑）。

チャーチル　たぶん思ってる、本音はね。そのくらいは思ってる。まあ、民主主義国はできないから、しょうがないけど、「君は、そこはよくやっとるな」みたいな感じの、多少は理解できるところもあったんじゃないかなあ。そういう意味での、アイデアリスト（理想主義者）じゃなくてリアリスト（現実主義者）だから、彼自身はね。
だから、敵に対する措置というものの嫌《いや》な感じは、よく分かっているとは思うよ。それよりは、マクロとしての非核化とかをやってしまえば……。
非核化をやっちゃえば、アメリカの言うことを百パーセントきくしかないですから。

里村　確かに。

チャーチル　核兵器がなかったら、戦いようがないです。通常兵器じゃ、まったくお話にならないですから。これを裸《はだか》にしてしまえば、あとは好きなようにできます。もう抵抗《ていこう》不能ですから。裸だったら、韓国《かんこく》でも十分戦えるぐらいだろうと思いますね。

里村　なるほど。

「金正恩《キムジョンウン》は、非核化《ひかく》が終わればいつ死んでくれてもいい」

綾織　開国路線や具体的な非核化《ひかく》の路線を止《と》める要素としては、北朝鮮《きたちょうせん》内部の軍部の問題があります。あとは中国が邪魔《じゃま》をするかという問題もありますが、これは何とかなるかもしれません。

ただ、もう一つの懸念《けねん》があります。霊界《れいかい》の話になりますが、私たちは初代の金《キム》日成《イルソン》氏と二代目の金正日《キムジョンイル》氏を悪魔だと認識しています。

チャーチル　ハハハッ（笑）。

綾織　彼らは、おとなしくしているものなのでしょうか。霊的な影響《えいきょう》はなくなっていくと考えてよろしいでしょうか。

チャーチル　いや、戦争の相手というかね、仮想敵というのはみんな悪魔に見えるから、これは難しいところだけどね。

ヒットラーから見りゃあ、チャーチルも悪魔に見えたことであろうからねえ。「どっちが悪魔か」って。

それは、スターリンだって、私にもちゃんと悪魔に見えたからね。だから、「ヒットラーを倒《たお》したあとは、次はスターリンだ」というのは私も思っていた。「鉄のカーテンを破らないと、危ないぞ」って。現実はそのとおりになったからね、あれだけど。

うーん、まあ、習近平《しゅうきんぺい》のお尻《しり》にだって、「矢印が付いた尻尾《しっぽ》」が付いてるような気もするし。トランプさんも、週刊誌等にはね、矢印が付いた尻尾のトランプの姿もいっぱい描《か》かれてるから。

まあ、お互《たが》いみんなそう見えるから、ここはあんまり言ってもしょうがないんだけどね。

で、何？　〝悪魔道《どう》〟を訊《き》きたいわけ？

綾織　今後、その影響が、やはり、どのくらい封《ふう》じ込められるのかというところです。

今は、トランプ大統領の封じ込めが、ある程度効いているとは思うのですが、それがそのまま続くのでしょうか。

チャーチル　ああ、何？　「お祖父《じい》さんとかお父さんが出てきて、金縛《かなしば》りをかけるんじゃないか」っていう、まあ、そういう宗教的な考察かい？

綾織　（笑）ええ、まあ、そうですね。霊界の金日成や金正日が、金正恩《キムジョンウン》氏と与正氏の両方に、考え方を変えていくように働きかけることは……。

チャーチル　まあ、初代・二代のバカでかい奈良《なら》の大仏みたいなのが平壌《ピョンヤン》に建ってるけどさあ。

綾織　はい、建ってますね。

チャーチル　おそらく、あれは倒されるよ。

綾織　あっ、倒される？

チャーチル　（旧ソ連の）あのスターリン像なんかと一緒《いっしょ》かな。

綾織　はい。

チャーチル　レーニンやスターリンを讃《たた》えているようなのが倒れたのと同じように、おそらく倒れると思うよ。民主化の過程で。

綾織　ほう。民主化の過程で？

チャーチル　民主化していく過程で。

綾織　ああ、なるほど。

チャーチル　うん、うん。だから、初代・二代、悪魔を神様みたいに祀《まつ》っているけど、おそらく倒されることになると思う。それは間違いない。

綾織　ということは、金正恩氏の独裁体制も、ある意味……。

チャーチル　いや、それは、そう長く続く必要はないんですよ。だから、非核化が終われば、いつ死んでくれても別に構わない。

綾織　なるほど。

チャーチル　アメリカは全然困らないので。非核化だけ、プロセスをカチッと固められたら、あとは誰《だれ》がやったって別にいいんですよ。うん。

綾織　なるほど。それをやるためだけに、仮に体制を残していると……。

チャーチル　うん。そのために、ちょっと護《まも》らなきゃいけないので。

綾織　ああ、なるほど。

チャーチル　要するに、独裁者がそれを命令したほうがやりやすいけど、ほかの人では、会議なんかをしていたんじゃ、そんなの決まるわけはありませんから。

綾織　ああ……。

チャーチル　ええ。それはやらせると。彼でやらせると。

綾織　トランプ大統領の任期の一期目で、その非核化を終わらせ、二期目に入った時点では、だんだん民主化が始まっていく。そういう流れになっていくんでしょうか。

チャーチル　そりゃあ、二期目はね、ノドン、テポドン？

綾織　はい。

チャーチル　うん、うん。おそらく、あれがなくなっていくでしょうね。

綾織　ああ、なるほど。

チャーチル　もうちょっと経済取引を自由にしたければね。アメリカの会社が入れるようになるって言うんなら、まあ、「こういうミサイルも片付けてもらいましょうか」と、来るでしょうね。

綾織　なるほど。

里村　第二次世界大戦で日本が無条件降伏《こうふく》をしたときに、ポツダム宣言を受け入れて、結果的に、どんどん武装解除がされていき、東京湾《わん》やハワイ沖などにたくさんの武器が捨てられたりしましたが。そういうふうになるわけですね？

チャーチル　うん。まあ、そうなる。だから、いちばん最初に、いちばん肝心《かんじん》なところを、とりあえずやる。まず、「非核」っていうことを、〝逆洗脳〟をかけさせ、国民に知らしめて、「これがアジアの平和に寄与《きよ》するんだ」っていうことを洗脳させせなきゃいけないわけよ。

里村　うん、うん。

チャーチル　まあ、放送局はたくさんはないからね、あそこは。だから、ずーっと言い続けたら、例の（朝鮮中央放送の）〝おばちゃん〟が出てきて「ホンナアァァァアー！」って毎日言ってたら、『コーラン』を聞いているようなもんだから、まあ、一年くらい聞いてたら、頭はだんだんそうなっていくだろうから。

里村　はい（笑）。

チャーチル　まあ、いちおうそれを狙《ねら》ってはいるから。

ある意味では、私らから見れば、これで成功したら、トランプさんは〝芸術的な勝ち方〟をしたことになるよなあ。「ウルトラC」だよな、ほんとなあ。

里村　ほおう……。

チャーチル　ああ、芸術的ですよ、この勝ち方は。もし、これで成功したら。

綾織　なるほど。

政治家として、トランプはチャーチルより上かも？

里村　ところが、それがウルトラCであるがゆえに、例えば、日本の安倍《あべ》首相のお名前を出してもいいかどうかは分からないのですが、「騙《だま》されるのではないか」と思っている人もいると思うんですよ。

チャーチル　安倍さんには、まだ分からないだろう。

里村　はい。ですから、安倍首相には、「もしかしたら、トランプ大統領が騙されているのではないか」という疑念も若干《じゃっかん》おありのようなんです。

チャーチル首相からご覧になって、トランプ大統領は騙されているわけではなく、まさに、ある意味で芸術的な交渉術をやっていると、額面どおりに受け止めてもよいのでしょうか。

チャーチル　まあ、政治家としてみたら、私より少し「上」なんじゃないかねえ。

里村　いや、いや、いや、いや……。

チャーチル　あちらの、トランプさんのほうが上かも。

里村　ええ!?

チャーチル　私はもうちょっと弱いから。

里村　いや、いや、いや。

チャーチル　敗戦をいっぱい経験しているので。いっぱい負けてるからさあ。ロンドン市内を、空襲《くうしゅう》で、みんながいっぱい死ぬのを知ってて、見殺しにしたから。敵に悟《さと》られないために。

綾織　それは、戦略的なもの……。

チャーチル　戦略的だけど、見殺しにしたのは事実だよ。だから、自国民を見殺しにしてまで、向こう（ドイツ）の、何だ？　「エニグマ」か？

里村　はい。暗号機ですね。

チャーチル　うん。暗号を解読していることを知られないために、ロンドン市内の人を、十万やそこらは簡単に見殺しにして、最終決戦で一気に向こうの空軍を叩《たた》くっていう作戦で、待ち受けてやったので。
　まあ、そんなのを知られていたら、私は絞首刑《こうしゅけい》だろうねえ、本当は。市民裁判では。

里村　いや、いや。それはまた、状況《じょうきょう》がまったく違いますし、何しろ、政治家として、あれだけたくさんのお店や商品、通りなどに名前が残っているのは、チャーチル首相だけですから。

チャーチル　いや、いや。私は選挙も弱いし、戦争も弱いし、もう敗走しながら小説を書くような人間だからさあ。

里村　いえ、いえ。

及川　実際には、イギリスがチャーチル首相を選んだのがやはり遅《おそ》すぎたので、それまで騙されていた期間が長かったんですよ。

チャーチル　いやあ、まあ、「お人好《ひとよ》し」がねえ、しばらくやっとったからねえ。労働党系の人が立ったら誰が（戦争を）やったって負けるんだよ。

だから、アメリカ（大統領選挙）は、本当に、あんたがた頑張《がんば》ったね。オバマさんが、二期しかないのでよかったね。あれが、もう一期やってたら、もう本当にどうしようもないですね。もう、あれ、〝浄土真宗《じょうどしんしゅう》〟に改宗してると思うよ。

及川　（笑）

チャーチル　（合掌《がっしょう》・瞑目《めいもく》し、お経《きょう》を唱えるように）「ナムアミーダブー、北朝鮮から、核兵器が一掃《いっそう》されますように。南無阿弥陀仏《なむあみだぶつ》」に、絶対、改宗してるよ、ハワイあたりで。

大戦時、なぜチャーチル以外の人はヒットラーに騙《だま》されたのか

及川　（笑）今の里村の質問を、もう一度、繰《く》り返しますと……。

チャーチル　ああ、悪かった。ごめん、ごめん。

及川　やはり、安倍首相だけではなくて、例えば、幸福実現党を支援《しえん》している人のなかにも、「騙《だま》されているのではないか」と思っている人はいると思うのです。

チャーチル　いや、釈《しゃく》党首と安倍首相は、今、気持ちが通じ合っているんじゃないかなあ（会場笑）。

及川　いやいやいや（笑）、それは分かりませんけれども。

チャーチル　「われわれは存在理由がなくなった」と思って、両方とも、もう空《くう》虚《きょ》状態になって……。

及川　いや、いや。

里村　いや、いや、いや。まだ、中国がありますのでね。

チャーチル　（及川を指して）あなたに代わって、今、長野のリンゴを売りに行ってるんじゃないかなあ。

及川　（笑）今日は、釈党首は長野ですけれども。

チャーチル　そうだろう。「長野リンゴを外国に売りたい。北朝鮮に売るぞ」とか言って、行ってるんじゃないか？

及川　（笑）ただ、先ほど出た、当時のイギリスの状況やヨーロッパの状況では、チャーチル首相以外は、やはり騙されていたわけですよね。

チャーチル　うーん。

及川　この「独裁者に騙される」というのがどういう状況なのかについては、われわれは歴史でしか学んでいないので、「なぜ、ヒットラーのことを見抜《みぬ》けなかったのだろう」と逆に思うんですよ。チャーチル首相しか見抜けなかった。

チャーチル　まあ、ドラッカーさんも見抜いたから……。

及川　それは一部の人だけですね。

チャーチル　私は彼の本を軍部に献本《けんぽん》するようにさせたけど、見抜けなかったねえ、ほとんどの人が。

及川　どうして見抜けなかったのでしょうか。

チャーチル　うーん……、まあ、人間の善意を信じすぎたんだろうかね。「(ドイツは)第一次大戦で、けっこう壊滅《かいめつ》的な被害《ひがい》を受けたから、もう二度と戦えないだろう」と思っていたのは事実だよね。

だから、「ドイツが回復すること自体はいいことかなあ」と思っていたから。

最初は、ドイツは経済的な回復をやっているように見えたからね。経済的回復については、イギリスのケインズなんかも、ヒットラーをずいぶんほめているので。〝ケインズスクールの優等生〟で、ケインズ経済学そのもので見事に立ち直ったから、ケインズもほめているぐらいなので。

そのように、経済的な面だけを見れば、急速に回復させたので、日本的に言えば、「太閤秀吉《たいこうひでよし》」みたいな者に見えたんだよ、あの時点では。

だから、政治的野心、要するに、「第一次大戦の敗戦から経済的に立ち直って、さらに、まだ戦争しようなんて考える」とまでは、まさか思っていなかったっていうことだわなあ。

私は、釈尊《しゃくそん》と霊的につながっている存在なものでね。

里村　いや、もう、過去世《かこぜ》で釈尊のお父様でもいらしたので（注。チャーチルは、以前の霊言《れいげん》で自《みずか》らの過去世を釈尊の父・シュッドーダナ王だと述べている。前掲《ぜんけい》『「忍耐《にんたい》の時代」の外交戦略 チャーチルの霊言』参照)。

チャーチル　ええ、そうなんですよ。だからねえ、(釈尊と)一体なんですよ。そういう意味で、「悪魔の存在」っていうのは見抜いてはいたんでね。これは、まあ、「悟り」だよ、「悟り」、君。

里村　ああ……。

及川　前回の霊言でも、「霊感だ」とおっしゃいました。

チャーチル　悟りだよ。まあ、悟りだよな。悟りを開きし者は、それは見えるけど、悟っていない者は悪魔は見抜けない。

里村　そうですね。

韓国《かんこく》・中国・ロシア首脳の今後の動き

綾織　その視点からご覧になったときに、今の時点では大丈夫《だいじょうぶ》だとしても、今後、仮に、「金正恩氏、与正氏が、このようになったら、やはり、危ない方向に行っているのだ」というようなポイントになるようなものは何かありますか。

今後、私たちが、もしかしたら、逆に騙されてしまう可能性もないことはないと思いますので、「こうなったら危ない」というようなものがあれば、教えていただけますでしょうか。

チャーチル　韓国《かんこく》は、大統領がまだ任期がありますから、「太陽政策」でしばらく行くから、そう大きな変更《へんこう》、変化があるとは思いませんね。

習近平自体は、トランプさんが、そうとう籠絡《ろうらく》してるっていうか、抱《だ》き込んでいるので、トランプ任期中は、正反対の動きは、そう簡単にはできない。トランプさんの次は分からないけど、トランプ任期中は、そう簡単には逃《に》がしてはもらえないだろう、と。今、（アメリカに）勝てないのは彼も知っているので。

あと、変数としては、独裁者プーチンが、ＥＵからも嫌《きら》われているので、今、中国とか北朝鮮とかイランとか、いろいろなところと、何か、「〝いじめられている者グループ〟をつくろう」みたいなことで動く可能性もある。

だけど、ここは今のところ、安倍さんが一生懸命《いっしょうけんめい》にしつこく、「正月の餅《もち》」みたいにくっついていって「平和条約を」なんて……、まあ、「経済制裁していて平和条約」っていうような、非常に能天気な交渉をなさっているけども、それをもう継続《けいぞく》している以上、プーチンさんも親日家だからね、そんな簡単に反日にはならない。

下のメドヴェージェフ（ロシア首相）だっけ？　あれは、ちょっと分からない。あれは、それほど親日じゃないかもしれないので。プーチンさんのままだったら、「決定的に、米国とも敵対し、日本とも敵対する」っていう政策は取りにくかろうと思うから。

まあ、中国に擦《す》り寄っていきそうだったら、ロシアと日本の関係をもうちょっと強くするように、少なくとも、経済的には強くしていくように努力したほうがいいだろうと思うんだな。経済的に逼迫《ひっぱく》してくるようだったら、そういうふうにさせないようにね。ここを押さえて、ロシアのほうがズボッと入らないようには、気をつけておいたほうがいいだろうと思います。

会談でトランプが手控《てびか》えたのは、金正恩《キムジョンウン》暗殺回避《かいひ》のため

チャーチル　あと、今回、トランプさんが実は、本当に〝手控《てびか》えた部分〟があるんですよ。（非核化については）数値化をはっきりして、「どこまで、どうやる」っていうように、カチッとやろうかとも思ったことは思っていたみたいなんだけども。

手控えたのは、やっぱり、（北朝鮮の）軍部のほうがね、「彼（金正恩《キムジョンウン》氏）が平壌に帰ったら、そこで暗殺する」っていうことだってありえるので。

里村　ああ……。

チャーチル　ちょっと、それは危険。平壌で降りて、市内をパレードしている間

に殺《や》られる可能性はあるので。それは、ちょっとまずいので。やっぱり、「表面上は、そう見せないようにやらなければならないとは考えた」っていうことだね。交渉の相手がいなくなるっていうのは、実に困るんですよ。

里村　うーん！

チャーチル　これはイラクでそうとう経験したから。「サダム・フセインを消したものの、交渉相手がいなくなる」みたいな感じで（笑）。やっぱり、ある程度、まとめられる人はいたほうが楽ではあるのでねえ。

それと、アメリカの左派が、ベトナム戦争、イラク戦争等を通して、ずっと、「アメリカの間違い」みたいなものをそうとう告発し続けているから。いきなりの戦争をやると、「またぞろ同じだ」ということを、また、ずっと言うに違いないからね。このへんで、その牙《きば》を抜いておく必要があるのでね。「平和志向の行動もできるんだ」ということを見せなきゃいけないっていうことで。

これは、ある意味で、〝一石三鳥《いっせきさんちょう》〟ぐらいやってるんですよ。対北朝鮮に投げた石でもあるけど、中国にも投げた石でもあるし、実は、イランにも投げた石、シリアにも投げた石にも値《あたい》するので。

「今は、イランだって敵対関係に近づいているけれども、このようなかたちでコロッと変わることはあるんだよ。完全に核なんか持たないということで、関係を修復しようとすればできるんだよ」というメッセージを発していることに、これはなりますよね。

里村　なるほど。確かにそうですね。

チャーチル　次は、これですから。（イランの核問題が）来ますから。

及川　〝一石何鳥〟という意味では、まさに、最後に言われたような、核兵器を持っている国や持とうとしている国に対して、今後、「もしかしたら、持たないほうがよいのではないか」と思わせる「新たな世界の流れ」が、これをきっかけに生まれるのでしょうか。

チャーチル　なるほど。でもねえ、要するに、水爆《すいばく》を持っているのは、国連常任理事国だけだったのに、北朝鮮が「持った」と言っている。これはやっぱり、許すことができないことで。

まあ、「原爆・水爆まで入れると、軍事力としては世界の四位ぐらいまでには入るのではないか」とまで言われたわけで。旧ソ連までは行っていないけども。

やっぱり、「水爆」っていうのは怖いものですよ。

これは、時間をかければ、そうとう強力な兵器として、（アメリカの）同盟国を叩き潰《つぶ》すだけの力が出ますからね。その実践《じっせん》過程としては、もう……。まあ、彼ら北朝鮮はできているつもりではいるけれども、実際に落としてみないと分からないからね。やっぱり、撃《う》ってみて、落としてみて、本当に爆発するかどうかを見なければ分からないから。

金正恩の性格、体質から見れば、もう、「それを実戦で実験してみる」っていうこともありえるからねえ（苦笑）。十分にありえるので。

（トランプ氏は）「それを考えれば、これは、できるだけ即決《そっけつ》で片付けないと危ない。時間をやると危ない。あと一、二年、時間をやると十分に危ない」と見たので、即決で「決めに入った」と。

だから、アメリカまで届かないにしても、例えば、彼らも爆撃機《ばくげきき》ぐらいは持ってますから、もし、「それで、韓国や日本に原爆や水爆を落とすことができる」と言って、いきなり来られたら、それはたまらないわね。やっぱり、それはありえることだから。その脅《おど》しは、けっこう、もう一枚、強いカードが出るので。

まあ、「アメリカと本当にＩＣＢＭ（大陸間弾道《だんどう》ミサイル）で撃ち合う」っていうのは、若干、今の段階で非現実ではあると思うけれども。それをやったら、本当に最後になるけど、「アメリカが、ほかの国のために核戦争までやるか」っていうことになったら、ちょっと疑問はありますから。

だから、「これは早くやる必要がある」と考えたのも事実だろうね。

里村　なるほど。

5 安倍《あべ》首相の言動が、日本孤立《こりつ》を招く理由

北朝鮮《きたちょうせん》軍がクーデターを起こさないか、CIA等が見張っている

里村　今、私たちは、チャーチル首相の見解を通して、「トランプ大統領の判断が正しかった」ということを非常に学ばせていただいていると思います。

チャーチル　いやあ、（トランプ氏は）優秀《ゆうしゅう》ですねえ。

里村　はああ。

チャーチル　さすがは、「ジョージ・ワシントンの生まれ変わり」と言われるだけのことはあるね。さすがだね。

里村　はあ！　いえ、いえ。もう、チャーチル首相もすごいと思います。

それで、チャーチル首相は、チェンバレン、あるいは、ハリファックスの「ヒットラーとの宥和《ゆうわ》主義」については、「絶対に、手を結ぶべきではない」と、ものすごく非難されました。

一方、「今回のトランプ大統領の、またある意味で、宥和政策的な流れについては是《ぜ》とされる」と。この違《ちが》いは、いったい、どのようなところにあるのでしょうか。

チャーチル　うーん……、「予知」だね。

●ジョージ・ワシントンの生まれ変わり……　『守護霊インタビュー ドナルド・トランプ アメリカ復活への戦略』『アメリカ合衆国建国の父　ジョージ・ワシントンの霊言』『守護霊インタビュー トランプ大統領の決意』(いずれも幸福の科学出版刊) 参照。

里村　「予知」？

チャーチル　うーん。はっきり言えば、「予知能力」だね。

里村　ああ……。

チャーチル　やっぱり、「ヒットラーは欧州《おうしゅう》を荒《あ》らす、席巻《せっけん》するだろう」っていう予知能力が働いた。

里村　もう、未来が見えていたわけですね。

チャーチル　うーん、見えていた。「そのくらいまでやる男」だと予知していたので。

里村　「ヒットラーには野望がある」と。例えば、「チェコを占領《せんりょう》したら、それで済むはずがない」と?

チャーチル　うん。絶対、そうだと思っていた。ただ、金正恩《キムジョンウン》で見れば、シンガポールへ行ってねえ、夜景を見に行っただろう?

里村　はい。

チャーチル　あれを見ているとねえ、子供だよ。

里村　はあ！

チャーチル　やっぱり、シンガポールの繁栄《はんえい》を見て、憧《あこが》れていて。「うわあ、北《きた》朝鮮《ちょうせん》もこんなふうになるといいなあ」って憧れているのが、もう見え見えじゃないか。だから、子供だよ。だからね、「そこまでは思っていない」っていうのは分かる。

里村　ああ！　なるほど……。

チャーチル　子供だよ。

里村　いやあ、今、私たちは、国際交渉《こうしょう》、外交の、すごく生きた教材を、チャーチル首相から教えていただいている感じがいたします。

チャーチル　うん、うん、うん。

里村　つまり、「宥和政策が駄目《だめ》で、強硬策《きょうこう》がいい」というのではなく、結局、「よい結果につながるかどうか」という観点から見なければいけないということですね。

チャーチル　うん。そう、そう、そう、そう。

だから、あとは、北朝鮮の持っている艦船力《かんせんりょく》と航空兵力で見れば、もし、「空襲《くうしゅう》等をかけてくる」といったって大したことはないし、「艦船で攻《せ》めてくる」といっても、十分、第七艦隊で、全部、撃退《げきたい》できるぐらいのレベルであるので、大したことはない。まあ、もし、日本とか韓国《かんこく》とかを攻撃《こうげき》しても、そう大したことではないのは分かっているし。

あとは、そうだね、だから、本当に核《かく》のところだけが、やっぱり、どうしても いちばん気になるところであるっていうことかな。

「アメリカ自身がやられる」とは思っていないが、「核兵器で撃《う》ってくるかもしれない」ということで、アメリカ国民が恐怖《きょうふ》して、「戦争をしたくない」みたいな運動を左翼《さよく》的に展開されると、すごくやりにくくなるので。まあ、そのへんで、今回、早めに締《し》めにかかった、というようには見えますね。

里村　なるほど。

綾織　その意味では、「もしかしたら、北朝鮮の核のボタンを軍が奪《うば》ってしまう」というような展開になると、いちばん危険だと考えてよいでしょうか。

チャーチル　まあ、今のところ、金正恩は、気に入らないやつを粛清《しゅくせい》する権力をまだ持っているから。あそこの放送・報道が、彼（金正恩氏）を讃《たた》えているうちはまだ大丈夫《だいじょうぶ》ですが、「裏切った」というような報道をされるようだったら駄目なので。

綾織　それが出てくると駄目だと。

チャーチル　だから、そのときは、やっぱり、放送局がもう軍部に占拠《せんきょ》されている。そういう状態になったら、それができるから。

綾織　なるほど。それが、もうシグナルということですね。

チャーチル　要するに、いわゆる「クーデター」だね。クーデターに対しては、もう、今、ＣＩＡ（米国中央情報局）も含《ふく》めて、一生懸命《いっしょうけんめい》、見張っているところだとは思うよ。

里村　今まで、私たちはクーデターというと、「金正恩政権、独裁体制を倒《たお》すクーデター」しか想定していなかったのですが、もう一つ、要するに、逆のクーデター、「無血開城を止《と》めるクーデター」もありえて、「放送などでそういう気運が出てきたりしたら、もう危ないというサインだ」と？

チャーチル　まあ、もちろん、「核兵器を廃棄《はいき》したら占領されるぞ」っていう、北朝鮮にとっては右翼側の意見を述べる人は出てくるだろうと思います。やっぱり、それとの政治的な格闘《かくとう》はあると思うし、「初代（金日成《キムイルソン》）、二代（金正日《キムジョンイル》）の路線を捨てていいのか」っていう、あそこの保守の考えが出てくる。

安倍《あべ》首相の言動が、北朝鮮《きたちょうせん》の保守派を目覚めさせる恐《おそ》れ

チャーチル　だから、気をつけないといけないのは、「安倍《あべ》首相とかが、その（北朝鮮の）保守のほうを目覚めさせるような行動を取らないように」ということ、これがむしろ気になるね。

里村　ほお！　安倍首相が、北朝鮮《きたちょうせん》の保守を目覚めさせると？

チャーチル　そうそう。

里村　はああ。

チャーチル　安倍さんが、今までどおりの路線をさらに進めて、「もう、トランプさんは軟弱《なんじゃく》だ」と見て、もっと強硬にやらなきゃいけないと思って……。

里村　そうか、そうか。

綾織　拉致《らち》問題で、厳しい要求をするわけですね。

チャーチル　そう、そう、そう。日本は戦う力も持っていないのにもかかわらず、

〝口だけトランプ〟っていうのを、もしやった場合、（北朝鮮が）反発してくる可能性はあるね。

及川　日本からの経済制裁は続けたほうがよいのでしょうか。

チャーチル　まあ、大したことないからね。気持ちだけの問題ですけど。

里村　うーん。

チャーチル　だから、金与正《キムヨジョン》氏が言っていた、「日本からも援助《えんじょ》をもらいたい」っていうのを、いったいどういうかたちでそれをやるかだよね。

彼女が言っていたのは、何て言うか、安倍さんが「拉致問題を解決して、全員返したら、見返りを考えてもいい」って今言っているんだけど、「全員返したら」って言っても、「返せない」っていうのが向こうの実質の状態だっていうことだ。死んでいる、もしくは、はっきり言えば、よく調べれば殺された人がだいぶ多いので。

残っている人も、幸福かどうかということで判断すると、かなり不幸な状況《じょうきょう》に置かれていることのほうが多いので。

それを知られて、虐待《ぎゃくたい》ないし、そうしたむごい仕打ちをされたっていうことが全部出た段階で、前向きに進むかどうかだね。全部、拉致問題だけに限って、「これが解決すれば、次のステップがある」っていう交渉の仕方をした場合、実情を見たら「ひどい結果じゃないか」ということになって、激昂《げっこう》するわね、当然ながらね。

綾織　うん、うん。

チャーチル　それで、強い言葉を出しすぎて、北朝鮮の保守派のほうが、「日本は危ない。憲法九条を破って再武装して、もう一回、朝鮮半島を占領しようとしているぞ」というような感じの言論を上げてこられると、厳しくなりますね。

里村　ああ、そうか！

綾織　金正恩氏も厳しい立場になってくるということですね。

チャーチル　うん。だから、拉致被害者《ひがいしゃ》の家族が、ああやって一生懸命、首相官《かん》邸《てい》まで行って交渉しているのは、まあ、家族の心情としてはよく分かるけど、ほかにも、宇宙人のアブダクション（誘拐《ゆうかい》）もあるのでねえ。

それを考えると、まあ、時間がちょっとたちすぎたかなあ。主権国家としては、やはり、それが分かった段階で、もっともっとアクションを起こさなきゃいけなかったんだよ。

里村　なるほど。

チャーチル　ところが、できなかった。

及川　悪かったのは、やはり、過去の日本の政治家たちということですね。

チャーチル　そう、そう。日本の政治のほうがね。だから、それと引き換《か》えに、過去の「日帝《にってい》三十六年の支配」とか、「従軍慰安婦《じゅうぐんいあんふ》」とかを出されて、それで打ち消されて、日本の有力新聞とかが、そちらのほうを支持するようなのを出していたからね。

それで、〝間違ったシグナル〟が、向こうにもかなり出されたとは思うんだよね。

里村　なるほど。

チャーチル　それから言えば、やっぱり、日本自身の責任はあるんじゃないの？

里村　はい。確かに、国家として、国民を護《まも》れなかったところはあります。

チャーチル　これは、アメリカの責任ではないと思うよ。日本が制裁解除しなくても、韓国《かんこく》は独自に北朝鮮《きたちょうせん》を支援《しえん》する

里村　そうすると、この〝城攻め〟においては、一方向だけは少し活路を残しておくということが、ある意味で、北朝鮮《きたちょうせん》の暴発を防ぎつつ、今後、「無血開城」を進めていく上では大事だと……。

チャーチル　まあ、難しいのは、次にカウンター（反撃）としては、「韓国《かんこく》・日本・アメリカの同盟関係を上手に壊《こわ》してくる」っていう手があると思うんで。

里村　そうですね。

チャーチル　中国あたりを絡《から》めて、これを崩壊《ほうかい》させてくる感じ。中国は中国で、韓国とか北朝鮮を、やっぱり絡め取っていきたいだろうからね。

里村　はい。

チャーチル　韓国の大統領の考え方、性格から見ると、日本がどれほど強硬に今までの路線を守り続けたとしても、独自にどんどん支援《しえん》に入ると思うので。もうすぐ、当面は、日本がなくても、北朝鮮は何とかなる状況にはなると思います。

里村　はい。

チャーチル　ということで、国際的に、日本が何て言うか、〝一人ぼっち〟になる可能性があるので、ここを気をつけないと危ない。そうならないようにしないと。

里村　うーん……。

綾織　アメリカと、ある程度、協調したスタンスが必要になるということですね。

チャーチル　だから、（安倍首相が）「私は騙《だま》されません」って言っていることは、「トランプさんは騙された」という意味に取れますからね。

里村　そうなんですよ。

及川　トランプ大統領は、今言われたような、韓国が北朝鮮を援助するというのは、もう計算の上で……。

チャーチル　うん。お金を出すと見ている。日本からもどのくらい出すだろうかという計算も、もうついている。

ただ、その面子《メンツ》のつくり方？　どうやって体面をつくるかのところがどうなるのかと、球《たま》を投げたわけだね、北朝鮮と日本に。

中国は「日本の孤立化《こりつか》」を狙《ねら》っている

里村　「日本の孤立化《こりつか》に気をつけよ」というお話を、今、チャーチル首相からお伺《うかが》いして、確かに、中国などは、絶対にそちらのほうを戦略的に狙《ねら》っているでしょうから。

チャーチル　ですから、中国が実は、逆に狙っているのはだね、北朝鮮とアメリカとの緊張緩和《きんちょうかんわ》がなされて、朝鮮半島の非核化を進めていく段階で、「在韓米軍の撤退《てったい》、および、在日米軍の撤退まで持っていければありがたい」ということだ。
　日本も左翼が強いですから、そういう流れで、「日本の在日米軍まで撤退したら、アメリカも経済的にもよくなるし、平和の時代が来たから、もうそういうことはやめましょう」っていう感じで退《ひ》かせていくのが、中国の一つの戦略ですからね。

里村　本当にそのとおりで、すでに、左翼の「市民グループ」が、朝日新聞の全面見開きで、「朝鮮半島は平和へ動きました。次は、沖縄《おきなわ》です」ということで、在日米軍撤退の意見広告までもう出しています。

チャーチル　そして、なぜかそれと連動して、「原発施設《しせつ》も廃止にする」という。そのように連動してくるんでしょう？

里村　はい。

綾織　また、トランプ大統領ご自身の、本音の本音の部分でも、「撤退してもいいんじゃないか」という考え方もあるようです。

チャーチル　ああ、財政的にはね。

綾織　はい。

チャーチル　まあ、「利益を享受《きょうじゅ》する者が、やはり、ちゃんと自分らを護るべきだ」っていう考えは持ってるからね、彼自身はね。

綾織　はい。

里村　そうすると、今、日本の話になっていますが、われわれ日本人、あるいは日本としては、朝鮮半島の平和と引き換えに日本が孤立化する道は、絶対に避《さ》けなければならないということになりますね。

6　日本は「北の復興計画」を立て、一気に片付けよ

なぜ今、日本は英露《えいろ》と組んでおくべきなのか

チャーチル　ですから、もう一つ、私から言うと、ちょっと手前味噌《てまえみそ》になるけれども、日本は、孤立気味《こりつぎみ》である「英国との関係」を、もう一段強くすると同時に、「ロシアとの関係」を、やはり、もう一回構築しないと。

綾織　ああ、なるほど。

チャーチル　ロシアのほうも、北方領土問題をあまり言いすぎたら、どうしても

前に進まないのは同じですね。

里村　ああ、同じなんですね。

チャーチル　うん、うん。だから、一緒《いっしょ》なんですよ。戦争で負けたら、取られてもしかたがないんですよ。

里村　うーん。

チャーチル　まあ、そのへんは、大きな歴史の流れから見れば、戦争に負けたら取られるんですよ。取ったり、取り返されたり、いつもしているんだから。

里村　はい。

チャーチル　だから、戦争をしないかぎり、取り返せないので、ある程度、これは呑《の》み込《こ》んでやらざるをえないところがあると思う。

それから、イギリスが今、ＥＵとの関係が非常にどっちつかずで、「戻《もど》ろうか、行こうか。行こうか、戻ろうか」と、グラグラ、グラグラしているので、まあ、もうちょっとイギリスとの関係強化ですかねえ。

あるいは、経済的にも、関係を強化して、もしＥＵのほうから（イギリスが）制裁なんかを受けるようなことがあっても、日本との関係でカバーができるような道を、もうちょっと太くしておいたほうがいいですね。

綾織　はい。

里村　四年前の前回の霊言《れいげん》のあとに、ブレグジット、つまりイギリスのＥＵ離脱《りだつ》の動きがありました。

チャーチル　うん。そうそう、そうそう。

里村　そうすると、チャーチル首相は、「だから、むしろ日本はイギリスとつながるチャンスだ」とおっしゃるわけですね。

チャーチル　うん。必要だと思いますよ。

だって、ＥＵはもともと、日本に対抗《たいこう》するためにつくられたものですから。日本（の経済力）があまりに強いので、このままでは、もう、ヨーロッパの一国では日本には対抗できないと。もう、イギリス、ドイツ、フランスは、それぞれみんな負けてしまったので、「一国では対抗できないから、ヨーロッパの国が連合して日本と対抗しよう」としてつくったのがＥＵですから。

里村　はい、はい。

チャーチル　もともとの趣旨《しゅし》がそうなので。だから、（イギリスが）ＥＵから、今、いったん出ることになろうとしつつも、また戻されようとして、揺《ゆ》れていますよね。あれは、制裁を受けて不利になるからですよね。

里村　はい。

チャーチル　経済的にどう見ても、あるいは政治的にもね。だから、逆に、これは〝裏技《うらわざ》〟を使って、日本がイギリスと、やはり、もうちょっと深い、何て言うか、結びつきをつくっておくことが大事だろうと思いますね。

及川　そうすれば、イギリスと中国の間に楔《くさび》を打つことにもなりますね。

チャーチル　そう、そこも打てる。それから、もちろん、最終的には、ドイツのところにも打ち込まなきゃいけないと思います。

里村　ええ、ええ。

チャーチル　日本の復興とドイツの復興は、軌《き》を一《いつ》にするものでなければいけませんからね。

里村　はい。

日本に、この難局を乗り切れる政治家は出てくるのか

チャーチル　日本もそうした、まあ、安倍《あべ》さんも言っているのかもしらんけれども、「地球儀《ちきゅうぎ》外交」的に俯瞰《ふかん》しないといけないところはあるんじゃないですかね。

及川　うーん。

チャーチル　そのためには、ちょっとは犠牲《ぎせい》になるものっていうか、捨てるものは、やはりあると思いますよ。諦《あきら》めなきゃいけないものはある。それをやらないと、〝大技〟はかけられないと思いますよ。言っても、無理はあると思う。

綾織　はい。その流れでいきますと、一期目、二期目のトランプ大統領のときは、ある程度、北朝鮮《きたちょうせん》の問題も進み、中国にも対抗できる十分な体制になっていると思うのですけども、日本としては、それから先も見通していかなければならないと思います。

そのあたりの、非常に難しい舵取《かじと》りの部分は、どのように考えていったらよいでしょうか。これからの十年、十五年を……。

チャーチル　いやあ、政治家として、それだけの資質がある人がいるかどうか、出てくるかどうかもあるから。それについては、人間がやることだから、分からんけどね。

ただ、トランプ的な交渉《こうしょう》？　シンガポールでやった交渉みたいなのでいくと、まあ、安倍さんは駄目《だめ》かもしらんけど、安倍さんのところに、トランプさんに代わる“suitable《スータブル》”な（ふさわしい）人が存在するとしたら、やっぱり、この前、霊言で妹さん（金与正《キムヨジョン》氏の守護霊《しゅごれい》）が言っていたような、「北朝鮮の復興計画をガーンと持っていって、一気に片をつけてしまうぐらいの力」は要《い》るでしょうね。

綾織　なるほど。

北との交渉《こうしょう》が進めば拉致《らち》問題もなくなっていく

チャーチル　少なくとも、日朝が自由に行き来ができる状況《じょうきょう》になったならば、そうした拉致《らち》の問題は……。だって、自由に行き来ができる状況で拉致するっていうのは、これはただの犯罪ですから、もうありえないことですよね。だから、自由に行き来ができる状況をつくってしまえば、拉致の問題は、現実の問題として残っているとしても、それは必ず解決されるはずです。

綾織　そうすると、アメリカが戦後にやったような、マーシャル・プランのようなものを、ドーンと一気にやってしまったほうが、事が進んで、後戻りはきかなくなるということですね。

チャーチル　うん。だから、日朝交流ができるようになって、日本の旅行者が行っても簡単に拉致されない状態になれば、昔の拉致の問題とかは氷解するとは思うけどね。

現実は、おそらく、蓋《ふた》を開ければ、まあ、妹さんの（守護霊が）おっしゃったとおりに、遺骨を返すかどうかぐらいの話にたぶんなると思うので、もう困るし、遺骨があるかどうかも怪《あや》しい。

綾織　うーん。

チャーチル　全部、証拠《しょうこ》隠滅《いんめつ》に走っている可能性もあるので、遺骨はもうない可能性もあるから、返せるものが……。

里村　はい。今までのプロセスでもそうでした。

チャーチル　前回も、ＤＮＡ鑑定《かんてい》をしたら、違《ちが》うものを返してきていたんでしょう？

里村　そうです。

チャーチル　だから、「ない」っていうことですよ、もう。

ああいう国なら、もう、たくさんの人を粛清《しゅくせい》してきていますから、日本から拉致した証拠になるような人を、そのまま生かしておくかどうかと考えると、私の考えはネガティブです。

綾織・里村　うーん。

チャーチル　だから、実際は向こうが、「拉致問題はない。終わっている」と言っているということは、本当に〝終わっている〟可能性があるので、その終わっている問題を問題として交渉《こうしょう》したら、何にも進まない可能性はあるね。

里村　それは、「極端《きょくたん》なことを言うと、本当に日本にとってもプラスにならない」ということですね。

チャーチル　うん。

里村　ただ、ご家族の心情があるので……。

チャーチル　心情はあっても、向こうが言っているのは、「それを言うなら、日《にっ》帝《てい》支配三十六年間の被害《ひがい》も考えてくれよ」と。「われわれも一緒なんだ」と言っているわけでしょう。

里村　うーん。

チャーチル　だから、ほぼ返す者はいない、「ない」ということだと思います。

7　独裁者を「利用」するトランプの外交手法

ロシア・中国・北朝鮮《きたちょうせん》・イラン・シリアを同盟させない戦略が重要

綾織　その意味では、北朝鮮《きたちょうせん》が今後どうなるのか、その未来の部分は、日本が鍵《かぎ》を握《にぎ》っているという状態になりますよね。

チャーチル　だから、そのへんを、北方領土も一緒《いっしょ》だけど、腹をくってやることだね。

まあ、北方領土は、二島までは返ると思うんですよ。

綾織　はい、はい。

チャーチル　前に約束しているから。それで、二島までは返るけど、あとのところは我慢《がまん》して、日露《にちろ》の関係を強化していけるかどうかだね。

綾織　はい。

チャーチル　あるいは、日米同盟との関係で、「アメリカがロシアと戦争をするとなったら、日本はどうなるのか」っていう問題ね？

ここのところの考えを詰《つ》めなければ、向こう（ロシア）は乗れないっていうことですよね。まあ、それはありえることですから。

綾織　はい。

チャーチル　このへんのところかなあ。

ただ、私の考えとしては、やはりロシア、中国、北朝鮮、イラン、シリア？

こういう同盟をつくらせないことが大事だと思う。

今回、北朝鮮の核《かく》のところを押《お》さえたので、北朝鮮からミサイルがイランに行く流れが、たぶん止《と》められる。

里村　はい。止められます。

チャーチル　止められるので、イランの軍事大国化に対しては、一定のブレーキはかかると思います。

ここまで考えているはずです、トランプさんは。

里村　ああ、そうですね。これはセットですね。

チャーチル　うん。

里村　アメリカのイラン核合意からの離脱《りだつ》もありましたけれども、北朝鮮を止めるということがあるから、トランプ大統領は離脱を決断できたわけですね。

チャーチル　そう。（北朝鮮は）ミサイルを輸出していますからね、イランに対して。

里村　なるほど。

独裁者を「逆に利用する」という政治手法とは

里村　チャーチル首相のお話を聴《き》いていると、「独裁者を利用する」と言うと言葉は悪いのですが、ちょっと、普通《ふつう》の政治学には出てこない考え方が出ているように思われます。

前回の四年前の霊言《れいげん》のときも、「プーチンだから北方領土を返す決断ができるんだ」とおっしゃいました。

チャーチル　うん、そう。

里村　今回も、「金正恩《キムジョンウン》を利用して、今なら（北朝鮮に）核放棄《ほうき》をさせられるんだ」ということですが、こういう考え方があるんですね。

チャーチル　だから、別に、「政治学的人間」っていうのがいて、誰《だれ》がやっても同じようになるわけではないのであってね。

里村　ええ。

チャーチル　この前は、「『忍耐《にんたい》の時代』の外交戦略」だったけど、今はね、忍耐じゃなくて、「『判断の時代』の外交戦略」なんですよ。

里村　はあ！

綾織　なるほど。

チャーチル　だから、「判断ができるかどうか」なんですよ。あるいは、もっと言えば、「決断ができるかどうか」だね。まあ、「決断」まで行かないかもしれない。今のは、もう「判断」のレベルですよね。

里村　判断のレベル。

チャーチル　だから、安倍《あべ》さんが判断を誤れば、それは間違《まちが》うし、トランプさんが判断を誤れば、間違うことになる。

里村　うーん！

日本はアメリカ経済立て直しの流れを見落とすな

綾織　今後の大きな判断の部分として、やはり、中国では、習近平《しゅうきんぺい》氏が今トップにいますけれども、この独裁者に対する判断というのが、今後の世界を変えていくことになると思います。

トランプ大統領の判断については、チャーチル首相も「自分より格上」だとおっしゃるように、素晴《すば》らしい判断をされていると思いますが、今後も、そうした神のごとき判断ができるのでしょうか。あるいは、どういう判断が「神のごとき判断」になるのでしょうか。

チャーチル　（トランプ氏は）なりふり構わず、「アメリカ第一主義」とか言っていますけれども、今、アメリカの経済の立て直しを短時間でやろうとしているのだと思うんですよ。

里村　はい。

チャーチル　でも、経済の立て直しが終わったあとのアメリカは、〝おっそろしく強い国〟になりますよ。
だから、彼は優《すぐ》れている。そこまで読んでいるから。

綾織　うーん。

チャーチル　今までの「弱いアメリカ」というのは、経済的に弱いから、どんどん政治的に弱くなって、軍事的にも退《ひ》いていってるけれども、経済的にもう一段力がついて、またアメリカの繁栄《はんえい》を呼び戻《もど》してきたら、アメリカの力は、もう一度強くなる。スーパーパワーになってきますので、日本もその流れは見落とさないようにしたほうがいいと思いますね。

里村　はい。

チャーチル　まあ、最終的には、ＣＮＮをぶっ潰《つぶ》すぐらいのつもりでいるんだろうから。会社なんかいくらでもつくれると思っているだろうね、本人は。ハハハ（笑）。

綾織　なるほど。

里村　やはり、スーパーパワーとしてのアメリカのプレゼンス、存在感が、中国を抑《おさ》える大きな力になってくると。

チャーチル　そうだし、アメリカの行きすぎを抑えるのは、日本的な「和のパワー」っていうか、ソフトパワーが、すごく大事なんじゃないですかね。その補完関係が大事じゃないかなと思いますよ。

独裁者・習近平《しゅうきんぺい》の次の中国は「天下三分《さんぶん》の計」になる

里村　独裁者を見る目においては、やはり、チャーチル首相が比類なきものをお持ちですのでお伺《うかが》いしたいのですが。

この四年間の変化で、大きなものとしては、習近平《しゅうきんぺい》国家主席は、憲法改正も行い、事実上の終身、独裁体制をできるだけの可能性を持ちました。

この習近平氏に対しては、どのようにご覧になっていますか。

チャーチル　まあ……（ため息）。これが次の大きな課題でしょうねえ。トランプさんの時代で、ここまでやれるかどうかということだけど、まあ、習近平だって人間だからね。年は取りますからね。

里村　ええ。

チャーチル　やっぱり、ある程度、年は取るから。今はまだ、野心がいっぱいいっぱいあるけど、年は取りますからねえ。その意味では、先はまだ十分には見通せないところがありますわね。終身制だったら、ここにもまた革命勢力が出てくる可能性はあると思うし。

実際に、劉暁波《りゅうぎょうは》さんみたいな、ノーベル平和賞を取ったような方がああいう扱《あつか》いを受ける国っていうのは、国としては大きいけど、国際標準から見たらちょっと恥《は》ずかしい状態ではありますわねえ。

里村　うーん。

チャーチル　これは、振《ふ》り子としては、どうしても逆には振れてくる可能性は高いと思う。

だから、その意味での「別の受け皿」が出てくる可能性は高い。

里村　「別の受け皿」？

チャーチル　うーん。それは内部的にも出てくる。中国のなかからもね、出てくる可能性は高いというふうには思いますね。

綾織　それは、私たちにとって、「いい勢力」が出てくるということなんでしょうか。

チャーチル　うーん……。まあ、いい意味で、「天下三分《さんぶん》の計」が、中国にもう一回出てくるんじゃないですかね。

綾織　ほう。なかが割れてきて……。

及川　「いい意味で」ということですよね。

チャーチル　いい意味でね。

綾織　はい。

チャーチル　それは、彼らが単独の独裁国家として世界の覇権《はけん》を目指すのに対し、やっぱり、国内の意見が割れて牽制《けんせい》し合うような、いわゆる議会制民主主義に近いかたちをつくろうとする勢力が出てくる。当然、出てくる。

綾織　はい。

チャーチル　あれだけの弾圧《だんあつ》国家をやってるんですから。

綾織　うーん。

チャーチル　北朝鮮でも大変なのに、中国みたいな（人口）十四億の国で、情報警察が国民を全部監視《かんし》してるなんていうのは、そう長くは続かない。

綾織　なるほど。

チャーチル　特に、今、ヨーロッパまで手を伸《の》ばそうとしてますけど、それは、内部的に自己崩壊《ほうかい》を起こし始めると思いますね。

8 トランプ革命が狙《ねら》う本丸《ほんまる》・中国の攻《せ》め方

中国の攻め方①：まず仏教国に戻《もど》すこと

及川　今後、北朝鮮《きたちょうせん》問題がある程度収束していく過程で、幸福実現党の本来の使命としては、中華帝国《ちゅうかていこく》主義と戦うところではないかと思うのですが、チャーチル首相から見て、幸福実現党には何を期待されますでしょうか。

チャーチル　うーん、（中国では）今、キリスト教が地下ですごく勢力を増やしているけど、弾圧《だんあつ》を受け始めてますね。完全に国家の統制下に置かれて監視《かんし》されていますけれども、あれをね、あなたがたは、まず仏教国に戻《もど》すことですよ、中国を。仏教国に戻す。

里村　仏教国に？

チャーチル　うん。元・仏教国ですから。「日本は、中国から仏教的には大きな影響《えいきょう》を受けたんだ。今、恩返しをしたい」ということで、中国を仏教国に戻す運動をやる。だから、仏教国に戻すんです。

里村　はい。そして、仏教国に戻してくると……。

チャーチル　戻してくると、日本から指導を受けるかたちに、たぶん、霊的《れいてき》にはそういうかたちになるでしょうね。

里村　それが、中国を内側から変えていくための大きな力になるということですね。

チャーチル　その一つにはなるでしょうね。

里村　はい。

チャーチル　だから、よき伝統を封殺《ふうさつ》してて、孔子《こうし》あたりまでは復活しているけど、孔子と、あとはあれでしょう？　韓非子《かんぴし》あたりが、ねえ？　そのあたりは習近平《しゅうきんぺい》が受け入れている範囲《はんい》でしょうけども。

里村　はい。

チャーチル　やっぱり、「仏教の大国として、世界の中心だった時代があるわけだから、その古きよき時代を復活させてはどうか」というあたりですよね。これは、中国の自尊心を満たすことにも、たぶん、なるはずで……。

及川　うーん。なるほど。キリスト教だと地下活動になってしまうけども、仏教だったら……。

チャーチル　まあ、キリスト教なら欧米《おうべい》に組み敷《し》かれるかたちにはなるけど、仏教は自分たちの祖先の信仰《しんこう》でもあるわけだし、世界の中心だったときの中国がね？　あるいは長安《ちょうあん》が〝ニューヨーク〟だった時代の宗教だからねえ。

里村　ああ、はい、はい。

チャーチル　やはり、もうちょっと「仏教的に中国を攻略《こうりゃく》する」っていうか、「伝道」して、みんなの文化的なサブカルチャーを変えていくことは大事ですよね。

中国の攻《せ》め方②：ソフトパワーを使う

チャーチル　だから、日本のアニメでもいいし、ほかのでもいいんだけど、だいたい、中国のも、「カンフーで抗日《こうにち》運動」とか、カンフーを絡《から》ませたりする程度のものから、やっと、妖怪《ようかい》ものとか幽霊《ゆうれい》、ゴーストストーリー的なものぐらいは出せるし、ＣＧを使っていっぱいやっているぐらいのレベルだと思うんだけど。

もうちょっと本格的に、「仏教的な思想」の逆輸入をさせることで、サブカルチャーを変えていって、上のほうまで引っ繰《く》り返していくということ。まあ、可能性はあると思います。

里村　作品としてのよし悪《あ》しはちょっとありましたけど、今年、日中合作の「空《くう》海《かい》―KU-KAI―美しき王妃《おうひ》の謎《なぞ》」（二〇一八年二月公開／東宝、KADOKAWA）という映画もありました。

チャーチル　うん。

里村　中国では、いまだに天台山《てんだいさん》は庶民《しょみん》の間では非常に大切なところであるということもありますし、文殊《もんじゅ》信仰の中心である五台山《ごだいさん》などもあります。

そういう意味では、確かに、地下活動のキリスト教よりは、もうちょっと表面に出たところに仏教文化の素《もと》はあります。

チャーチル　うん。だから、仏教的なるものを、まあ、いきなりストレートでなくても、その途中《とちゅう》の段階のものから入ってもいいとは思うんだけど、それを「戦略的に浸透《しんとう》させていく」っていう。いろんなかたちでね、浸透させていくということが大事なんじゃないかな。

里村　それは、政党としてもそうですし、幸福の科学グループとしても、取り組んでいくべき課題ということですね。

及川　今まで、幸福の科学としては、台湾《たいわん》や香港《ホンコン》から中国本土を攻《せ》めていくという感じがあったんですけれども、もうちょっと、「仏教です」というかたちを通して、本土を狙《ねら》っていったほうがいいということですか。

チャーチル　うん……。まあ、チベットの問題とかあるからねえ。だから、ストレートの仏教保護みたいな感じにはならない。チベットのところの正統性が出ない。イスラム教でもウイグルがあるから、ストレートにならないので。

里村　はい。

チャーチル　やはり、「日本的なソフトパワー」っていうやつかねえ、何か、そういうもののかたちで入っていったほうがいいような気はするんだがなあ。うん。

里村　●一昨日《いっさくじつ》の金与正《キムヨジョン》さんの守護霊《しゅごれい》は、やはり、そういう感じで、「日本の宗教的なものだったら、文化的なものとして入っていける」というような話はしていました。

チャーチル　まあ、憧《あこが》れてはいるんでね。北朝鮮だって、中国だって、（日本に）憧れてはいるけど、国家の統制はかなり効いてるからねえ。

里村　はい。

チャーチル　ただ、もう、統制が効くレベルは、ギリギリかなあ。中国だって、統制しつつも、ハリウッドと競争したい気持ちもあるしね。

そうでしょ？　世界を目指せば、必ずそうなってくるからね。

●一昨日の……　『北朝鮮の実質ナンバー2 金与正の実像　守護霊インタビュー』（前掲）参照。

里村　はい。

チャーチル　だから、ある程度、「ソフトパワー」で攻めていくのは大事なことではないかと思いますがね。

綾織　その文化的な部分と、あとは、「幸福実現党としてはどうしようか」という部分が、釈《しゃく》党首が考えているところなんですけれども。

チャーチル　私の選挙よりも、さらに弱いかもしれない感じが、若干《じゃっかん》しないでもないので……。

綾織　いえ、いえ。今、頑張《がんば》っています。

チャーチル　まあ、幸福実現党は、うーん……。やっぱり、（幸福の科学）本体のほうがもう一段、力を持たないかぎりは厳しいんじゃないですかねえ。

及川　はい。

チャーチル　本体の力がもう少しないと、多角化して、部分的に政治もやっているけど、このぐらいでは、ちょっと無理かなあ。もっともっと本体が強くならなければ駄目《だめ》なんじゃないでしょうか。「日本の一宗教」のところで型《かた》に入れられようとしているところを破らなければいけないんじゃないか。

だから、踏《ふ》ん張りどころだね。

綾織　なるほど。

チャーチル　これで終わるか、もう一段行くか、踏ん張りどころだと思いますね。だから、（釈）党首とかは、「北朝鮮が消えちゃったら、もう終わりかなあ」と思っているかもしれないけど……。

綾織　いえ、いえ。「中国」という本番がありますので。

チャーチル　そうかもしれないけど、まだまだクリエイティブでなければいけないと思いますよ。

綾織　はい。

チャーチル　もっともっとクリエイティブに活動していかなければいけないんじゃないかなあ。

まあ、幸福の科学の映画なんかが中国でもかかるように、もうちょっと努力したいもんですね。

里村　はい。

中国の攻め方③：共産党の卑怯《ひきょう》な国家運営が暴《あば》かれる

綾織　もう一点、中国の部分なんですが、以前、「秦《しん》の始皇帝《しこうてい》の霊言《れいげん》」というものも収録をしておりまして、これが、中国でのいちばん大きなクラスの悪魔《あくま》なの

●「秦の始皇帝の霊言」　2017年10月21日収録。『秦の始皇帝の霊言　2100 中国・世界帝国への戦略』（幸福の科学出版刊）参照。

かなとは思うんです。

チャーチル　なるほど。ハハハハ（笑）。

綾織　こういう存在に、ある程度の中国支配をされているわけですが、それに対して、チャーチル首相は、日本としてはどのように対峙《たいじ》していくのが最もよいと思われますでしょうか。

チャーチル　中国人自体も、始皇帝だとか、あるいは妲己《だっき》だとか、ああいう権力にまみれた人たちに対して、国民はそんなに憧れてはいないのは事実だね。

里村　はい。

チャーチル　で、それに反対する意味で、共産党というのが、人民服を着て、平等だというところで魅力《みりょく》があって、みんなついていったけど、長い目で見れば、結果が貧しくなっていく流れになってきている。一方で、市長ぐらいのレベルから国のトップレベルまで賄賂《わいろ》をもらって、私腹を肥やし、海外に財産をつくって、誰《だれ》か親戚《しんせき》を留学させて、いつでも逃《に》げられる態勢をつくっているという、まあ、卑怯《ひきょう》な国家運営をやっていますわねえ。

この共産党の嘘《うそ》のところが暴《あば》かれていけば、そんな古い人（秦の始皇帝）のことは、それほど問題にするほどではないんじゃないかと思うんですよ。

中国の攻め方④：トランプの経済革命、経営革命を中国にも

チャーチル　九〇年代の日本のバブル崩壊《ほうかい》から、世界的にも、アジア危機もあり

ましたですが。あとは、リーマン・ショック等で、「マルクス（思想）は、まだ生きているんじゃないか」みたいな戸惑《とまど》いがあったりしたんだと思うけれども、それでも、今、トランプさんが出てきたことで、そのリーマン・ショックを乗り越《こ》えようとしているところだと思うんですね。

里村　はい。

チャーチル　「資本主義は、最後には大恐慌《だいきょうこう》になって終わりを迎《むか》える」と、まあ、（マルクスの）理論的にはこうなってるわけで、シュンペーターもそう言っているけれども。

いやあ、トランプ革命のなかには、もう一つ、こうした経済革命も入っているので。

「いや、そんなことは、ないですよ。やはり、経営者のレベルを上げることに成功すれば、そうした経済的スランプを乗り越えることができるのです」と。「そうした経営的な手腕《しゅわん》は、国家レベルでも使うことはできるんだ」ということを、今、証明しているところだから。

もし、これで国家経済を立て直すことができて、国的な経営レベルも、もっとグッとよくなるところまでやることができたら、ほかの国だって、「ああ、経営レベルを拡大していって、手腕があれば、国がよくなるんじゃないか」ということは言えるんじゃないかと思うわな。

綾織　なるほど。

チャーチル　だから、「大きな経営者を持つということが大事なんだ」っていう思想が出てくれば、破れる。

賄賂で私腹を肥やして、大金持ちになる政治家っていうのはお断りだと思うけども、正当な経営活動をして広げていくのは受け入れられるから。

中国も、先ほど「幸福の科学のソフトパワー」も言ったけれども、「経営的能力」という意味でビジネスを成功させ、大きな会社をつくっていく方法みたいなものを経営指導できるスタイルでも、入っていく可能性はあるんじゃないですかね。

里村　はあ……！

チャーチル　彼らはよく実利を求めるから、それはよく分かるので、そちらのほうの攻め方も、十分可能性はある。

中国の攻め方⑤：日本の経済成長と、国際政治でのリーダーシップ

里村　当然、ビッグビジネスのためには、やはり、自由というものが大事になります。「経済的自由」あるいは「行動の自由」が本当に大事になりますし、「私的財産の権利」も大事になります。

「偽物《にせもの》の繁栄《はんえい》」と言うと、言葉はちょっと悪いかもしれませんが、そういうものから、「本物の繁栄」のほうを目指すことになると、必然的に中国も変わらざるをえなくなってくると。

チャーチル　バブルも、けっこう中国も行《い》ってるからねえ、いずれ崩壊する面はあると思うんですよ。

何て言うの？　碧玉《へきぎょく》っていう緑の石みたいなの？　あんなものが値上がりして、

買い漁《あさ》ってるの、中国人だけですよ。あんなの、世界の人は相手にしていないいですから、宝石として認めていないので。まあ、あんなのでお金が大きくなったような気持ちになってるけど、そんなものは偽物だっていうのは、いずれ分かるし。

里村　なるほど。

チャーチル　重工業の国家計画経済でバンバンやっていたやつが、どんどんゴーストタウン化しているよね。だから、このへんも、まもなく行き詰《づ》まりを迎える。で、マレーシアなんかも、九十二歳《さい》の首相が返り咲《ざ》いて、「ルック・イースト」で、もう一回、日本を見習ってやろうとしている。

だから、日本的経営や日本的なソフトパワーが、もう一回、力を持つチャンスは来ている。三十年近く停滞《ていたい》してたっていうのは、これはいけないことなので、「日本は終わった」と見られていたわけだから、もう一回、「経済的成長」と、「国際政治におけるリーダーシップ」を発揮できる考え方を持つことで、まあ、ある意味での力は持てるんじゃないですかね。

里村　なるほど。

及川　その意味では、今日の話は北朝鮮から始まったんですが、北朝鮮の新しい時代をつくるために、今、おっしゃったような日本的な経営の精神というのは、やはり、役立つのではないかと思います。

チャーチル　うん。

中国の攻め方⑥：トランプは金正恩《キムジョンウン》をこのように「使う」

及川 一点、しつこいようですが、「金正恩《キムジョンウン》氏に騙《だま》されていないか」というところで確認しておきたいと思います。

大川隆法総裁は、今年の五月三日の講演（「高貴なる義務を果たすために」）で、リーダーを見極《みきわ》めるポイントとして、「自分はどうなってもいいから、まずは国民のためにという思いがあるかどうか」ということを言われました。

トランプ大統領も、シンガポールでの会談へ行く前に、金正恩氏に対し、「国民のために判断してほしい」ということをずいぶん繰り返し言っていました。

今回、金正恩氏、金与正氏らが経済繁栄のほうを取るというのは、単に自分たちが生き残るためだけなのか、それとも、本当に北朝鮮の国民のことを考えての思いなのか。

このへんについては、チャーチル首相はどう思われるでしょうか。

チャーチル　例えば、ＧＨＱが来たような感じで、民主主義政治を断行されたら、おそらく、彼（金正恩氏）らは一瞬《いっしゅん》にして死刑《しけい》にされると思います。

里村　はい。

チャーチル　今までの弾圧や人権侵害《しんがい》、数々の罪状を挙げれば、Ａ級戦犯《せんぱん》として死刑にされる方々だと思います。

だから、トランプさんの器《うつわ》の大きいところは、そういう人を使ってでも改革をやろうとしているところです。そこが大きいところですよね。

まあ、最終的には、もしかしたら、西洋のどこかに警備付きの別荘《べっそう》でも提供されて、逃亡《とうぼう》、亡命することになる可能性はあるとは思います。かなりの率でその可能性はあると思いますが、やはり、やれるところまではやってもらわなきゃいけないということですね。

彼らに、国民のために身を投げ出すだけのあれがあるかといえば、まあ、そこまでのものはなくて、やっぱり、「祖父、父のものを引き継《つ》いだ」っていう、運命的なものも、かなりあったからねえ。それでやってるけど。

まあ、「あれでもってるだけでも、すごいもんだ」ということは、一部、トランプさんが認めた。何年もやってますからね。二〇一一年にお父さんが亡《な》くなってから、あの若さで、二十代から三十代でやっているということだけでもすごいことなので、「指導者としては、まだ成長する可能性がある」と見ているということだろうよ。

及川　ポテンシャルはあると。

チャーチル　ポテンシャル。だから、アメリカと行き来できるぐらいの関係になれば、彼がアメリカへ来て、ねえ？　「エンパイアステートビルは、百年前から建ってるんだよ。分かっているか？」というようなことを勉強していただいてね（笑）。

あるいは、日本的なよさもよく勉強していただいて、「国民がディズニーランドで遊べるようなレベルにしたくないか」というところでねえ、考え方を変えていくことができれば、その可能性も半分はある。

正当に民主化を急げば死刑になるけども、緩《ゆる》やかに民主化をしていった場合は、半分は「亡命」、半分は、「指導者として切り替《か》わって、生き残る可能性はある」と。

まあ、こういう考えだと思いますね。

及川　はい。

金正恩《キムジョンウン》の〝悪魔《あくま》性〟を消そうとしたトランプ

及川　今回のシンガポールでの会談が終わったあと、トランプ大統領は、「金正《キムジョン》恩《ウン》をどう思ったか」という質問に対して、「非常にタレンテッド、才能がある」ということと、もう一つ、「国を愛している」ということを挙げ、そこに感動したというようなことを言われたのですが。

チャーチル　いや、まあ、それは言い方だよね。「核《かく》兵器をつくった悪いやつだ。悪魔《あくま》だ」という言い方はできるけども、「いや、それは、外国の侵略から国を護《まも》るためにやったんだ」と言うことによって、彼の〝悪魔性〟のところを少し消そうとしたということです。

歴代の大統領で、例えば、ブッシュのファーザー（父）やレーガンだったら、悪魔と断定して完全攻撃《こうげき》するという姿勢で、もっともっと激しくやるべきところであろうと思うけども、立場を替えて言えば、「国を愛しているから、そうしたんだろう」ということで。

まあ、日米が戦争し、日本が敗戦したあと、マッカーサーが天皇陛下《へいか》のことを神様みたいに言ったり、「日本も防衛したんだ」というようなことを言ったりしたのと同じ気分？

綾織　なるほど。

チャーチル　だから、「北朝鮮の敗戦」ということは、彼は認識している。「（金正恩氏が）生き残れるために、そういう言い方をしている」っていうことですね。

綾織　はい。ありがとうございます。

米朝首脳会談に対する見方が本当に難しいところ、本日は、第三者的な視点から、「ああ、なるほど」と納得《なっとく》できる解説を頂きました。

この霊言によって、いろいろな人の見方が変わってくると思いますので、金与正氏の守護霊霊言と合わせて世界に発信していきたいと思います。

チャーチル　もし、北朝鮮のナンバー2の意見と、ヒットラーと戦ったイギリスの元首相の意見が、〝ほぼ近いもの〟であるというなら、「真実性は高い」と思ってよろしいんじゃないですか。

●**金与正氏の守護霊霊言**　『北朝鮮の実質ナンバー２金与正の実像　守護霊インタビュー』（前掲）参照。

里村　はい。

日本よ、孤立《こりつ》しようとしているイギリスもよろしく

綾織　今年は、チャーチル首相を描《えが》いた映画が世界中で大ヒットしました。

チャーチル　うん。おかげさまでね。まあ、観《み》てくれたかどうかは知らないんだけど、あの描き方は少し問題あるなあ。ダンケルクから撤退《てったい》した話が中心じゃなかったかなあ。いやあ、それだけではちょっと寂《さみ》しかったかなあ。もうちょっと……。

及川　続編をつくってほしいですね。

チャーチル　ロンドン市民を一部見殺しにはしたけど、まあ、ドイツ空軍を壊滅《かいめつ》させたあたりまでバシッとやってくれれば、もうちょっと決まったな。うーん。

里村　今日、そういうお言葉がたぶんあるのではないかと思っていました（笑）。

チャーチル　逃げるだけじゃあ、ちょっと寂しかったかなあ。

及川　でも、あれでチャーチル首相のファンがすごく増えたと思います。

チャーチル　ああ、そう？　もう忘れ去られつつあるからねえ。

綾織　今、時の人のような感じになっています。

チャーチル　ああ、そう？

綾織　はい。注目されています。

チャーチル　そうかい。うーん。まあ、イギリスもよろしくね。孤立《こりつ》しようとしてるから。何とか助けてやってください。

里村　かしこまりました。

チャーチル　お願いします。

綾織　はい。

里村　これからもご指導のほど、よろしくお願いいたします。

チャーチル　はい。

里村　本日はありがとうございました。

9　大川隆法所見：日本は米朝“戦争”終結後の国際的リーダーを目指せ

北朝鮮《きたちょうせん》はチキンレースに負けた

大川隆法　はい（手を三回叩《たた》く）。

ということで、訊《き》いてみましたが、チャーチルは、金正恩《キムジョンウン》氏について、ヒットラー的な見方はしませんでした。

これは、「敗戦したと判断している」ということですね。やはり、金与正《キムヨジョン》氏守《しゅ》護霊《ごれい》の意見と同じでした。

里村　はい。

大川隆法　国民の四割が栄養失調状態というなら、事実上、「どこで〝戦争〟をやめるか」というだけの問題ではありました。

演習レベルの「架空《かくう》の戦争」でしたが、北朝鮮《きたちょうせん》はミサイルを実際に飛ばし、「水爆《すいばく》も開発した」などと言っていました。また、両方とも、本当に戦争になってもおかしくないレベルの訓練をやっていたのです。

里村　はい。

大川隆法　チキンレースといって、「ぶつかる前に、どちらが先に避《よ》けるか。先に避けたほうが負け」というものがありますが、あれをやって、「実際に戦争をやるか」というギリギリのところまで来て、北朝鮮は避けたわけです。

里村　ええ。

大川隆法　金正恩氏が中国に逃《に》げ、韓国《かんこく》に逃げ、それからアメリカに飛び込《こ》んだところで、「そのことは、だいたいもう分かった」ということでしょう。

日本は考えを改めて、孤立化《こりつか》に気をつけよ

大川隆法　日本にだけは飛び込もうとしないなら、日本は考えを改めないと、置いてきぼりになるかもしれません。

里村　そのへんで孤立化《こりつか》の……。

大川隆法　ええ。「気をつけないといけないかな」という感じはありますね。

里村　また、今のチャーチル首相の解説で、「イランまで見据《みす》えた一つの手であった」ということもよく分かりました。

大川隆法　まあ、トランプ大統領には、期待どおりの働きをしてくださることを、お願いしたいと思います。

彼は、おそらく一期目で非核化《ひかく》のプロセスは完了《かんりょう》させるつもりでしょう。「非核化が全部終わるには十五年ぐらいかかるかもしれない」とも言っていますが、大きな部分が〝骨抜《ほねぬ》き〟になっていけば、国連系も入ってくるでしょうから、これまでと同じようにはならないと思います。

そうすると、トランプ大統領も二期目がかなり見えてくるでしょう。マスコミのほうは、「口約束だけじゃないのか」と、何だかんだ文句《もんく》をつけていますが、実際上、北朝鮮はやろうとしていて、その部分がクリアになってくるでしょうからね。

里村　はい。

大川隆法　北朝鮮から「死神《しにがみ》」と言われたボルトン米大統領補佐官《ほさかん》も、首脳会談では、北朝鮮との食事の席に着いていましたし、向こうにも行けるそうです。ということは、「（北朝鮮側は）〝死神〟が来ることまで、ある程度、受け入れている」ということですから、「〝戦争〟は、いちおう終わった」ということではないでしょうか。

里村・綾織　はい。

大川隆法　これに乗り遅《おく》れないようにしたいので、考え方は柔軟《じゅうなん》にいこうと思います。

中国の脅威《きょうい》に備え、日本は経済力・防衛力の強化を

大川隆法　ただ、世界の危機はまだたくさんありますので、日本自体はそれほど弱体化してよいわけではなく、経済的にもう一段発展させるとともに、防衛的な面をもう少ししっかりさせたほうがよいと思うのです。

マレーシアの首相が、就任してすぐ日本に来たでしょう？

里村　はい。

大川隆法　あれを見てもそうですし、フィリピンもそうですけれども、やはり、中国の脅威《きょうい》があるので、「日本にもう少し力を持ってほしい」という気持ちはあるのです。

ですから、自衛の範囲《はんい》内で、常任理事国レベルにまで、（防衛力を）できるだけ持って行きたいと思います。そういう考えはあります。

里村　はい。日本がそうなるように、幸福実現党も、そしてまたバックボーンである幸福の科学自体も、もう一段ブレイクスルーして大きくなるように努力してまいります。

大川隆法　ということで、（米朝会談後）二つ目の霊言《れいげん》をやりました。まあ、大きくは見誤っていないのではないかと思います。

では、以上ということにします。

質問者一同　ありがとうございました。

あとがき

日本の国論と、世界のマスコミ世論に一定の統一性、方向性を与えるため、本書は緊急出版される。

私たちは、六月十二日のシンガポールの一日で、世界史の流れが一挙に変わる事実を目撃した。

まさしく「判断力の時代の外交戦略」をかい間見た感じだ。人類が危機の時にはヒーローが現れる。しかしそのヒーローは、世論やマスコミに敵視され、誤解されることも多い。

考証は後世に委《ゆだ》ねるがよい。戦う気概《きがい》を忘れなかった者のみが、静かに微笑《ほほえ》んで時代を通り過ぎてゆけるのだ。

私たちも『幸福実現党』を九年前に立党して、時代と格闘《かくとう》してきた。のべ数百人の玉砕者《ぎょくさいしゃ》を出し、満身創痍《まんしんそうい》になりながら、北朝鮮の核・ミサイルの脅威《きょうい》を訴え続けてきた。数え切れぬ涙の後に、平和な未来の世が拓《ひら》けるなら、何も言うことはない。

二〇一八年　六月十七日

幸福《こうふく》の科学《かがく》グループ創始者兼総裁《そうししゃけんそうさい》
幸福実現党創立者兼総裁《こうふくじつげんとうそうりつしゃけんそうさい》　大川隆法《おおかわりゅうほう》

『米朝会談後の外交戦略　チャーチルの霊言』大川隆法著作関連書籍

『北朝鮮の実質ナンバー2 金与正の実像　守護霊インタビュー』
（幸福の科学出版刊）

『守護霊インタビュー トランプ大統領の決意』（同右）
『「忍耐の時代」の外交戦略 チャーチルの霊言』（同右）
『北朝鮮 崩壊へのカウントダウン　初代国家主席・金日成の霊言』（同右）
『守護霊インタビュー ドナルド・トランプ アメリカ復活への戦略』（同右）
『アメリカ合衆国建国の父　ジョージ・ワシントンの霊言』（同右）
『秦の始皇帝の霊言　２１００ 中国・世界帝国への戦略』（同右）
『北朝鮮――終わりの始まり――』（幸福実現党刊）

米朝会談後《べいちょうかいだんご》の外交戦略《がいこうせんりゃく》　チャーチルの霊言《れいげん》

2018年6月18日　初版第1刷

著　者　　大《おお》 川《かわ》 隆《りゅう》 法《ほう》

発行所　　幸福の科学出版株式会社

〒107-0052 東京都港区赤坂2丁目10番14号
TEL(03)5573-7700
https://www.irhpress.co.jp/

印刷・製本　株式会社 研文社

落丁・乱丁本はおとりかえいたします

ISBN978-4-8233-0011-0 C0030
カバー ロイター / アフロ
装丁・写真（上記・パブリックドメインを除く）© 幸福の科学

大川隆法シリーズ・最新刊

北朝鮮の実質ナンバー２ 金与正の実像 守護霊インタビュー

米朝会談は成功か、失敗か？　北朝鮮の実質ナンバー2である金与正氏守護霊が、世界中のメディアが読み切れない、その衝撃の舞台裏を率直に語った。

1,400 円

人格力

優しさと厳しさのリーダーシップ

月刊「ザ・リバティ」に連載された著者の論稿が書籍化。ビジネス成功論、リーダー論、そして、日本を成長させ、世界のリーダーとなるための「秘術」が書き込まれた一冊。

1,600 円

創造的人間の秘密

あなたの無限の可能性を引き出し、AI 時代に勝ち残る人材になるための、「創造力」「知的体力」「忍耐力」の磨き方が分かる一冊。

1,600 円

守護霊インタビュー トランプ大統領の決意

英語霊言 日本語訳付き

北朝鮮問題の結末とその先のシナリオ

〝宥和《ゆうわ》ムード〟で終わった南北会談。トランプ大統領は米朝会談を控え、いかなるビジョンを描くのか。今後の対北朝鮮戦略のトップシークレットに迫る。

1,400 円

※表示価格は本体価格（税別）です。

大川隆法 霊言シリーズ・世界情勢を読む

文在寅守護霊 vs. 金正恩守護霊

南北対話の本心を読む

南北首脳会談で北朝鮮は非核化されるのか？　南北統一、対日米戦略など、対話路線で世界を欺く両首脳の本心とは。外交戦略を見直すための警鐘の一冊。

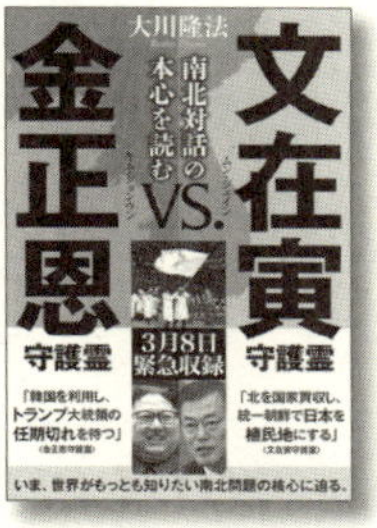

1,400円

緊急守護霊インタビュー 金正恩 vs. ドナルド・トランプ

英語霊言 日本語訳付き

二人の守護霊を直撃。挑発を繰り返す北朝鮮の「シナリオ」とは。米大統領の「本心」と「決断」とは。北朝鮮情勢のトップシークレットが、この一冊に。

1,400円

「忍耐の時代」の外交戦略 チャーチルの霊言

もしチャーチルなら、どんな外交戦略を立てるのか？　〝ヒットラーを倒した男〟が語る、ウクライナ問題のゆくえと日米・日露外交の未来図とは。

1,400円

ヒトラー的視点から検証する 世界で最も危険な独裁者の見分け方

世界の指導者たちのなかに「第二のヒトラー」は存在するのか？　その危険度をヒトラーの霊を通じて検証し、国際情勢をリアリスティックに分析。

1,400円

大川隆法「法シリーズ」・最新刊

信仰の法

法シリーズ 第24作

地球神エル・カンターレとは

さまざまな民族や宗教の違いを超えて、
地球をひとつに──。
文明の重大な岐路に立つ人類へ、
「地球神」からのメッセージ。

第1章　信じる力
── 人生と世界の新しい現実を創り出す

第2章　愛から始まる
── 「人生の問題集」を解き、「人生学のプロ」になる

第3章　未来への扉
── 人生三万日を世界のために使って生きる

第4章　「日本発世界宗教」が地球を救う
── この星から紛争をなくすための国造りを

第5章　地球神への信仰とは何か
── 新しい地球創世記の時代を生きる

第6章　人類の選択
── 地球神の下に自由と民主主義を掲げよ

2,000円（税別）　幸福の科学出版

幸福の科学グループのご案内

宗教、教育、政治、出版などの活動を通じて、地球的ユートピアの実現を目指しています。

幸福の科学

一九八六年に立宗。信仰の対象は、地球系霊団の最高大霊、主エル・カンターレ。世界百カ国以上の国々に信者を持ち、全人類救済という尊い使命のもと、信者は、「愛」と「悟り」と「ユートピア建設」の教えの実践、伝道に励んでいます。

（二〇一八年六月現在）

愛

幸福の科学の「愛」とは、与える愛です。これは、仏教の慈悲《じひ》や布施《ふせ》の精神と同じことです。信者は、仏法真理をお伝えすることを通して、多くの方に幸福な人生を送っていただくための活動に励んでいます。

悟り

「悟り」とは、自らが仏の子であることを知るということです。教学《きょうがく》や精神統一によって心を磨き、智慧《ちえ》を得て悩みを解決すると共に、天使・菩薩《ぼさつ》の境地を目指し、より多くの人を救える力を身につけていきます。

ユートピア建設

私たち人間は、地上に理想世界を建設するという尊い使命を持って生まれてきています。社会の悪を押しとどめ、善を推し進めるために、信者はさまざまな活動に積極的に参加しています。

国内外の世界で貧困や災害、心の病で苦しんでいる人々に対しては、現地メンバーや支援団体と連携して、物心両面にわたり、あらゆる手段で手を差し伸べています。

年間約３万人の自殺者を減らすため、全国各地で街頭キャンペーンを展開しています。

公式サイト **www.withyou-hs.net**

ヘレン・ケラーを理想として活動する、ハンディキャップを持つ方とボランティアの会です。視聴覚障害者、肢体不自由な方々に仏法真理を学んでいただくための、さまざまなサポートをしています。

公式サイト **www.helen-hs.net**

入会のご案内

幸福の科学では、大川隆法総裁が説く仏法真理《ぶっぽうしんり》をもとに、「どうすれば幸福になれるのか、また、他の人を幸福にできるのか」を学び、実践しています。

入会

仏法真理を学んでみたい方へ

大川隆法総裁の教えを信じ、学ぼうとする方なら、どなたでも入会できます。入会された方には、『入会版「正心法語」』が授与されます。

ネット入会 入会ご希望の方はネットからも入会できます。
happy-science.jp/joinus

三帰《さんき》誓願《せいがん》

信仰をさらに深めたい方へ

仏弟子としてさらに信仰を深めたい方は、仏《ぶっ》・法《ぽう》・僧《そう》の三宝《さんぽう》への帰依を誓う「三帰誓願式」を受けることができます。三帰誓願者には、『仏説・正心法語《しょうしんほうご》』『祈願文《きがんもん》①』『祈願文②』『エル・カンターレへの祈り』が授与されます。

幸福の科学 サービスセンター
TEL 03-5793-1727 （受付時間／火～金：10～20時 土・日祝：10～18時）

幸福の科学 公式サイト
happy-science.jp

ハッピー・サイエンス・ユニバーシティ
Happy Science University

ハッピー・サイエンス・ユニバーシティとは

ハッピー・サイエンス・ユニバーシティ（HSU）は、大川隆法総裁が設立された
「現代の松下村塾」であり、「日本発の本格私学」です。
建学の精神として「幸福の探究と新文明の創造」を掲げ、
チャレンジ精神にあふれ、新時代を切り拓く人材の輩出を目指します。

人間幸福学部　経営成功学部　未来産業学部

HSU長生キャンパス　**TEL 0475-32-7770**
〒299-4325　千葉県長生郡長生村一松丙 4427-1

未来創造学部

HSU未来創造・東京キャンパス
TEL 03-3699-7707
〒136-0076　東京都江東区南砂2-6-5　**公式サイト happy-science.university**

学校法人 幸福の科学学園

学校法人　幸福の科学学園は、幸福の科学の教育理念のもとにつくられた教育機関です。人間にとって最も大切な宗教教育の導入を通じて精神性を高めながら、ユートピア建設に貢献する人材輩出を目指しています。

幸福の科学学園
中学校・高等学校（那須本校）
2010年4月開校・栃木県那須郡（男女共学・全寮制）
TEL 0287-75-7777　公式サイト happy-science.ac.jp

関西中学校・高等学校（関西校）
2013年4月開校・滋賀県大津市（男女共学・寮及び通学）
TEL 077-573-7774　公式サイト kansai.happy-science.ac.jp

仏法真理塾「サクセスNo.1」

全国に本校・拠点・支部校を展開する、幸福の科学による信仰教育の機関です。小学生・中学生・高校生を対象に、信仰教育・徳育にウエイトを置きつつ、将来、社会人として活躍するための学力養成にも力を注いでいます。

TEL **03-5750-0747**（東京本校）

エンゼルプランV　TEL **03-5750-0757**

幼少時からの心の教育を大切にして、信仰をベースにした幼児教育を行っています。

不登校児支援スクール「ネバー・マインド」　TEL **03-5750-1741**

心の面からのアプローチを重視して、不登校の子供たちを支援しています。

ユー・アー・エンゼル！（あなたは天使！）運動

一般社団法人 ユー・アー・エンゼル　TEL **03-6426-7797**

障害児の不安や悩みに取り組み、ご両親を励まし、勇気づける、
障害児支援のボランティア運動を展開しています。

NPO活動支援

いじめから子供を守ろうネットワーク

学校からのいじめ追放を目指し、さまざまな社会提言をしています。また、各地でのシンポジウムや学校への啓発ポスター掲示等に取り組む一般財団法人「いじめから子供を守ろうネットワーク」を支援しています。

公式サイト **mamoro.org**　ブログ **blog.mamoro.org**

相談窓口 **TEL.03-5719-2170**

百歳まで生きる会

「百歳まで生きる会」は、生涯現役人生を掲げ、友達づくり、生きがいづくりをめざしている幸福の科学のシニア信者の集まりです。

シニア・プラン21

生涯反省で人生を再生・新生し、希望に満ちた生涯現役人生を生きる仏法真理道場です。定期的に開催される研修には、年齢を問わず、多くの方が参加しています。全国146カ所、海外17カ所で開校中。

【東京校】TEL **03-6384-0778**　FAX **03-6384-0779**

メール **senior-plan@kofuku-no-kagaku.or.jp**

幸福実現党

内憂外患《ないゆうがいかん》の国難に立ち向かうべく、2009年5月に幸福実現党を立党しました。創立者である大川隆法党総裁の精神的指導のもと、宗教だけでは解決できない問題に取り組み、幸福を具体化するための力になっています。

幸福実現党 釈量子サイト **shaku-ryoko.net**

Twitter **釈量子@shakuryokoで検索**

党の機関紙
「幸福実現NEWS」

幸福実現党 党員募集中

あなたも幸福を実現する政治に参画しませんか。

○幸福実現党の理念と綱領、政策に賛同する18歳以上の方なら、どなたでも参加いただけます。

○党費:正党員(年額5千円[学生 年額2千円])、特別党員(年額10万円以上)、家族党員(年額2千円)

○党員資格は党費を入金された日から1年間です。

○正党員、特別党員の皆様には機関紙「幸福実現NEWS(党員版)」が送付されます。

＊申込書は、下記、幸福実現党公式サイトでダウンロードできます。

住所:〒107-0052 東京都港区赤坂2-10-8 6階 幸福実現党本部

TEL **03-6441-0754** FAX **03-6441-0764**

公式サイト **hr-party.jp** 若者向け政治サイト **truthyouth.jp**

幸福の科学出版

大川隆法総裁の仏法真理の書を中心に、ビジネス、自己啓発、小説など、さまざまなジャンルの書籍・雑誌を出版しています。他にも、映画事業、文学・学術発展のための振興事業、テレビ・ラジオ番組の提供など、幸福の科学文化を広げる事業を行っています。

アー・ユー・ハッピー？
are-you-happy.com

ザ・リバティ
the-liberty.com

幸福の科学出版
TEL **03-5573-7700**
公式サイト **irhpress.co.jp**

THE FACT

ザ・ファクト
マスコミが報道しない「事実」を世界に伝えるネット・オピニオン番組

Youtubeにて随時好評配信中！

ザ・ファクト　検索

NEW STAR PRODUCTION

ニュースター・プロダクション

「新時代の"美しさ"」を創造する芸能プロダクションです。2016年3月に映画「天使に"アイム・ファイン"」を、2017年5月には映画「君のまなざし」を公開しています。 公式サイト **newstarpro.co.jp**

ARI《アリ》 Production《プロダクション》

タレント一人ひとりの個性や魅力を引き出し、「新時代を創造するエンターテインメント」をコンセプトに、世の中に精神的価値のある作品を提供していく芸能プロダクションです。 公式サイト **aripro.co.jp**

大川隆法　講演会のご案内

大川隆法総裁の講演会が全国各地で開催されています。講演のなかでは、毎回、「世界教師」としての立場から、幸福な人生を生きるための心の教えをはじめ、世界各地で起きている宗教対立、紛争、国際政治や経済といった時事問題に対する指針など、日本と世界がさらなる繁栄の未来を実現するための道筋が示されています。

2017年8月2日 東京ドーム「人類の選択」

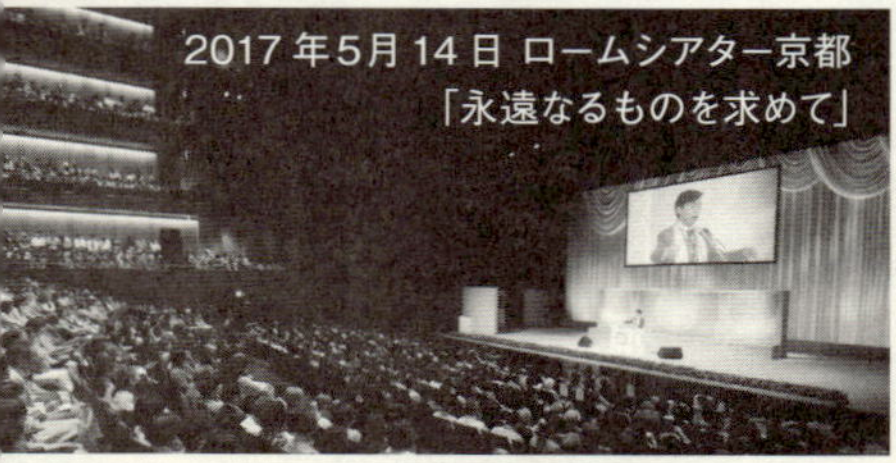
2017年5月14日 ロームシアター京都「永遠なるものを求めて」

2017年4月23日 高知県立県民体育館「人生を深く生きる」

2018年2月3日 都城市総合文化ホール(宮崎県)「情熱の高め方」

2017年12月7日 幕張メッセ(千葉県)「愛を広げる力」

講演会には、どなたでもご参加いただけます。
最新の講演会の開催情報はこちらへ。⟹

大川隆法総裁公式サイト
https://ryuho-okawa.org